Gründen Sie ein Exportunternehmen von den USA aus

Ein vollständiger Leitfaden von der Unternehmensregistrierung bis zum Export – Schritt für Schritt

Insbesondere für angehende Unternehmer, Berufstätige, Studenten und Arbeitssuchende

MD SAHID

GLOVYA EXIM

Glovya Exim

Gründen Sie ein Exportunternehmen von den USA aus

Für Genehmigungsanfragen wenden Sie sich bitte an den Autor unter:
E-Mail: mohammadsahid.star@gmail.com

Haftungsausschluss : Die Informationen in diesem Buch dienen ausschließlich allgemeinen Informationszwecken. Der Autor übernimmt jedoch keine Verantwortung oder Haftung für Fehler, Auslassungen oder Änderungen geltender Gesetze, Verordnungen oder Verfahren, die nach Veröffentlichung eintreten. Leser sollten sich für eine auf ihre Bedürfnisse zugeschnittene Beratung an entsprechende Fachleute wenden.

ISBN-13: **978-93-344-5964-7**
Erste Auflage: **2025**
Selbstveröffentlichter Autor: **Md Sahid**
Herausgegeben von: **Glovya Exim** (Der Impressum, Glovya Exim ist eine eingetragene Marke von Md Sahid)

Inhalt

Vorwort

Gründen Sie ein Exportunternehmen von den USA aus ist unerlässlich für Unternehmer und Firmeninhaber, die ihren Horizont erweitern und den globalen Markt erschließen möchten. Dieses umfassende Buch bietet einen klaren, strukturierten Weg, um Ihnen zu helfen, die Komplexität des Exports aus den USA zu meistern.

Dieser Leitfaden deckt alle Aspekte des Exportprozesses ab – von der Vorbereitung auf den Export und der Durchführung gründlicher Marktforschung bis hin zur Beschaffung notwendiger Lizenzen und der Suche nach zuverlässigen Lieferanten. Jedes Kapitel ist sorgfältig ausgearbeitet und bietet praktische Ratschläge, detaillierte Anleitungen und hilfreiche Tipps, damit Sie bestens für die Herausforderungen des internationalen Handels gerüstet sind.

Das Buch enthält zahlreiche hilfreiche Website-Links, die wertvolle Ressourcen, regulatorische Informationen und Unterstützungsdienste bieten, egal ob Sie Zollverfahren verstehen, Finanzmittel sichern, geistiges Eigentum schützen oder effektive Marketingstrategien umsetzen möchten.

MD SAHID

Einführung

Warum aus den USA exportieren?

Die USA exportieren jährlich Waren und Dienstleistungen im Wert von rund 3 Billionen US-Dollar auf die Weltmärkte. Es besteht ein enormes Potenzial, sowohl die Anzahl der US-Exporteure als auch die Absatzmärkte – insbesondere im Bereich der kleinen und mittleren Unternehmen – zu erweitern. Hier einige Gründe, warum sich der Export lohnt:

Nachfrage. Über 95 Prozent der weltweiten Konsumenten leben außerhalb der USA. Ihre Konkurrenten bauen ihren globalen Marktanteil aus – und Sie können das auch.

Zugang. Exportieren muss nicht kompliziert sein. Das Internet, verbesserte Logistikkanäle, Freihandelsabkommen, E-Commerce und die vielfältigen Exportförderprogramme der US-Regierung und ihrer Partner haben den Export deutlich erleichtert; das gilt selbst für kleinste Unternehmen.

Rentabilität. Exporte können für Unternehmen jeder Größe rentabel sein. Im Durchschnitt wachsen die Umsätze schneller, es werden mehr Arbeitsplätze geschaffen und die Mitarbeiter verdienen mehr als in Unternehmen, die nicht exportieren.

Wettbewerbsvorteil. Die Vereinigten Staaten sind weltweit bekannt für qualitativ hochwertige, innovative Waren und Dienstleistungen, Kundenservice und solide Geschäftspraktiken.

Risikominderung. Die meisten exportierenden Unternehmen können Schwankungen in der US-Wirtschaft leichter überstehen und haben eine höhere Wahrscheinlichkeit, im Geschäft zu bleiben.

Exportressourcen. US-Unternehmen können von den Ressourcen der US-Regierung und ihrer Partner auf Landes- und Kommunalebene profitieren. Beispielsweise verfügt das US-Handelsministerium über ein globales Netzwerk von US-Handelsdienstbüros in über 100 US-Städten sowie US-Botschaften und -Konsulate in mehr als 80 internationalen Märkten. Handelsexperten bieten Exportberatung und eine Reihe maßgeschneiderter Exportlösungen an. Sie können Unternehmen auch mit wichtigen Ressourcen wie Exportfinanzierungen über die US-Export-Import-Bank und die US-Kleinunternehmensverwaltung (Small Business Administration) in Kontakt bringen.

Exportpotenzial nach Produkt auf dem Weltmarkt

Die Produkte mit dem größten Exportpotenzial der USA in die Welt sind Kraftfahrzeuge für den Transport von weniger als 10 Personen, Sojabohnen sowie menschliches und tierisches Blut, Blutbestandteile und immunologische Produkte. Sojabohnen weisen wertmäßig die größte absolute Differenz zwischen potenziellem und aktuellem Exportvolumen auf, wodurch sich zusätzliche Exporte im Wert von 29 Mrd. US -Dollar realisieren lassen , was 3,8 % des ungenutzten Exportpotenzials entspricht.

https://exportpotential.intracen.org/en/products/tree-map?fromMarker=i&exporter=842&toMarker=w&market=w&whatMarker=k

Was ist Exportieren?

Im alltäglichen Geschäftsbetrieb sind die meisten US-Unternehmen, die Waren und Dienstleistungen für die USA produzieren, möglicherweise nicht mit den unterschiedlichen Verwendungsweisen der Begriffe „Export“ und „Import“ im internationalen Handel vertraut.

Der Zugang zu staatlichen Exportförderungsmaßnahmen, Programmen und Finanzierungen der USA hängt davon ab, ob die verkauften Waren oder Dienstleistungen in den Vereinigten Staaten hergestellt werden. Daher ist es wichtig, dass US-Unternehmen die unterschiedlichen, mitunter verwirrenden Bedeutungen der Begriffe „Export“ und „Import“ in verschiedenen Kontexten kennen.

US-Exporte/US-Exporteure/US-Exporteur: Nur US-Exporte sind für staatliche Unterstützung, Dienstleistungen und Finanzierungen der USA berechtigt. Damit Waren oder Dienstleistungen als US-Exporte gelten, müssen sie in den Vereinigten Staaten entwickelt, produziert oder hergestellt werden. Je nach geografischem Bezugspunkt können US-Exporte wie folgt bezeichnet werden:

- „US-Exporte IN einen ausländischen Markt/ein ausländisches Land“ AUS DEN Vereinigten Staaten oder

- „Importe AUS den Vereinigten Staaten IN einen ausländischen Markt/ein ausländisches Land."
- „Verkauf/Versand/Lieferung von in den USA hergestellten Waren oder Dienstleistungen an einen Käufer auf einem ausländischen Markt."

Produktauswahl

Zu berücksichtigende Fragen

Wenn Sie über einen Verkauf ins Ausland nachdenken, müssen Sie verschiedene Aspekte berücksichtigen, darunter:

- Welche ausländischen Bedürfnisse befriedigt Ihr Produkt?
- Welche Produkte sollte Ihr Unternehmen im Ausland anbieten?
- Sollte Ihr Unternehmen sein Produkt für den Inlandsmarkt für den Verkauf im Ausland anpassen? Oder sollte es ein neues Produkt für den ausländischen Markt entwickeln?
- Welche spezifischen Merkmale, wie Design, Farbe, Größe, Verpackung, Marke, Etiketten und Garantie, sollte Ihr Produkt aufweisen? Wie wichtig sind Sprachen oder kulturelle Unterschiede?
- Welche spezifischen Serviceleistungen, Garantien und Ersatzteile sind im Ausland in der Vorverkaufs- und Nachverkaufsphase erforderlich?
- Sind die Service- und Reparatureinrichtungen Ihres Unternehmens ausreichend?

Produktanpassung

Die Auswahl des richtigen Exportprodukts aus den USA ist eine strategische Entscheidung, die über Erfolg oder Misserfolg Ihres Unternehmens entscheiden kann. Hier finden

Sie einen strukturierten Ansatz, der Ihnen hilft, die richtige Wahl zu treffen:

Wichtigste Kriterien für die Produktauswahl:

- **Marktnachfrage** : Konzentrieren Sie sich auf Produkte mit nachgewiesener Nachfrage in Ihren Zielländern. Nutzen Sie Tools wie die Exportpotenzialkarte, um Artikel mit hoher Nachfrage zu identifizieren.
- **Wettbewerbsvorteil** : Wählen Sie Produkte, bei denen die USA einen technologischen, qualitativen oder markentechnischen Vorsprung haben – denken Sie an Medizinprodukte, Software oder Speziallebensmittel.
- **Gewinnmargen** : Sicherstellen, dass das Produkt nach Berücksichtigung von Produktions-, Logistik-, Zoll- und Marketingkosten gesunde Margen bietet.
- **Einhaltung gesetzlicher Bestimmungen** : Prüfen Sie die Exportbestimmungen, Zertifizierungen und Kennzeichnungsvorschriften für jeden Zielmarkt.
- **Produktanpassungsfähigkeit** : Wählen Sie Artikel aus, die an unterschiedliche kulturelle oder funktionale Bedürfnisse im Ausland angepasst werden können.
- **Verfügbarkeit** : Wählen Sie das Produkt, das in den USA leicht erhältlich ist.
- **Leichtgewicht/Kompakt** : Günstiger und einfacher international zu versenden.
- **Rechtlich exportierbar** : Es sind keine besonderen Exportlizenzen oder -beschränkungen erforderlich.

Produkte, die man (als Anfänger) vermeiden sollte

- Exportlizenzen erforderlich (z. B. für Militär, Schusswaffen, Technologie)
- Verderben schnell oder benötigen Kühlung
- Sind schwer, sperrig oder gefährlich
- Der Markt wird bereits von großen Marken dominiert, es sei denn, Sie bieten einen einzigartigen Mehrwert.

Markenbildung, Etikettierung & Verpackung

Verbraucher interessieren sich sowohl für das Produkt selbst als auch für dessen Zusatzmerkmale wie Verpackung, Garantieleistungen und Service. Markenbildung und Etikettierung von Produkten auf ausländischen Märkten bringen neue Herausforderungen für Ihr Unternehmen mit sich, wie zum Beispiel:

- Sind internationale Markennamen wichtig, um ein Produkt zu bewerben und von anderen abzugrenzen? Sollten umgekehrt lokale Marken oder Eigenmarken verwendet werden, um das lokale Interesse zu steigern?
- Sind die auf Etiketten und Verpackungen verwendeten Farben für den ausländischen Käufer anstößig oder ansprechend? In einigen Ländern werden beispielsweise bestimmte Farben mit dem Tod assoziiert.
- Können Etiketten und Anleitungen in Amtssprachen oder gebräuchlichen Sprachen erstellt werden, wenn dies gesetzlich oder gängig vorgeschrieben ist?

- Müssen Angaben zum Produktinhalt und zum Herkunftsland gemacht werden?
- Werden Gewichte und Maße in der jeweiligen Landeseinheit angegeben? Selbst bei Konsumgütern kann die Verpackung und die Inhaltsangabe in metrischen Maßeinheiten (z. B. Kilogramm, Liter) wichtig sein.
- Muss jeder Artikel einzeln etikettiert werden? In welcher Sprache soll die Etikettierung erfolgen? Beispielsweise ist die Angabe „Hergestellt in den USA" möglicherweise nicht ausreichend; das Produkt muss unter Umständen in der Sprache der Verbraucher des jeweiligen Landes etikettiert werden. Für Lebensmittel, Arzneimittel und andere Produkte können besondere Etikettierungsvorschriften gelten.
- Werden lokale Vorlieben und Kenntnisse berücksichtigt? Eine Müslischachtel mit dem Bild eines US-amerikanischen Athleten ist für ausländische Konsumenten möglicherweise nicht so attraktiv wie das Bild eines lokalen Sporthelden.

Installation

Ein weiterer Aspekt der Produktvorbereitung, den Ihr Unternehmen berücksichtigen sollte, ist die einfache Installation des Produkts im Ausland. Falls Techniker oder Ingenieure im Ausland für die Installation benötigt werden, sollte Ihr Unternehmen deren Einsatzzeit vor Ort möglichst minimieren. Dazu kann Ihr Unternehmen das Produkt vor dem Versand vormontieren oder vorab testen oder Schulungen für lokale Servicepartner online anbieten. Ihr US-Markenname ist für Sie wichtig, aber möglicherweise weniger für ausländische Verbraucher. Andererseits kann er in manchen Ländern wertvoller sein als in den USA. Die sichtbare Unterstützung durch eine bekannte Persönlichkeit kann Ihnen im Heimatland Umsätze bescheren, aber dieselbe Person ist im Ausland möglicherweise unbekannt – oder schlimmer noch, unbeliebt.

Ihr Unternehmen könnte erwägen, das Produkt für den Versand zu demontieren und im Ausland wieder zusammenzubauen. Dadurch können Sie Versandkosten sparen, allerdings kann sich die Zahlung verzögern, wenn der Verkauf von einem montierten Produkt abhängt. Ihr Unternehmen sollte darauf achten, alle Produktinformationen, wie Schulungsunterlagen, Installationsanleitungen (auch relativ einfache) und Teilelisten, in der Landessprache bereitzustellen.

Internationale Marktforschung

Internationale Marktforschung ist ein Schlüsselelement erfolgreicher Exportplanung. Es ist wichtig, kritisch zu prüfen, ob das potenzielle Exportland für Ihr Produkt oder Ihre Dienstleistung geeignet ist. Sie müssen feststellen, ob ein Markt vorhanden ist, ob Ihr Produkt nach Ermittlung der Gesamtkosten wettbewerbsfähig ist und welche Exportstrategie am kosten- und zeiteffektivsten ist.

Forschungsprozess

Beginnen Sie mit der Erfassung von Handelsdaten, um die Marktgröße abzuschätzen. Suchen Sie nach potenziellen Chancen, prüfen Sie, ob die Nachfrage steigt oder sinkt und ob Wettbewerb herrscht.

Für kleinere Unternehmen kann es sinnvoll sein, drei bis fünf potenzielle Märkte zu identifizieren und zu untersuchen. Sie können die potenziellen Länder auch nach den größten Märkten, den am schnellsten wachsenden Märkten und kleineren Märkten mit hohem Wachstumspotenzial gruppieren.

Analysieren Sie anschließend Länder- und Branchenberichte, um Marktbedingungen, Chancen und Herausforderungen zu bewerten. Dies hilft Ihnen zu entscheiden, welche Märkte die besten Chancen bieten und den Einsatz zusätzlicher Ressourcen lohnen.

Schritt 1: Entwickeln Sie Ihre Forschungsfragen

Wenn Sie ein **neuer Exporteur sind** , sollten Sie Folgendes beachten:

- Wie groß sind Ihre potenziellen Märkte?
- In welchen Ländern/Märkten werden derzeit Produkte wie Ihre gekauft?
- Wer sind Ihre Konkurrenten, aus welchen Ländern kommen sie und wie groß sind sie?
- Welche Normen, Prüfungen und Zertifizierungen sind erforderlich?
- Müssen Ihre Produkte (oder deren Etikettierung oder Verpackung) für einen oder mehrere Märkte angepasst werden?
- Welche Zölle, Steuern und sonstigen Kosten fallen an? Wie hoch sind die Versandkosten und die Gewinnspannen der Partner? Wie hoch sind die Gesamtkosten inklusive aller Nebenkosten bzw. der gesamte Exportpreis?
- Ist Ihr Preis im Markt attraktiv? Wenn nicht, was können Sie tun, um ihn attraktiver zu gestalten?
- Welche Vertriebskanäle stehen zur Verfügung?

Wenn Sie als **aktiver Exporteur** einen neuen Exportmarkt erschließen oder einen bestehenden Markt neu bewerten möchten, ist Marktforschung unerlässlich, da sich die Rahmenbedingungen häufig ändern. Beispielsweise können sich Versandkosten, Zölle und Vorschriften ändern und Ihr Geschäft beeinflussen. Ziel der Marktforschung ist es, Folgendes zu erfahren:

- Die größten und/oder am schnellsten wachsenden Märkte für Ihr Produkt.
- Die Markttrends und -aussichten für Ihre Branche in diesem Land.
- Das Wettbewerbsumfeld für Ihre Branche/Ihr Produkt in diesem Land und möglicherweise auch in der Region.
- Die Kosten, die mit dem Transport Ihres Produkts von Ihrem Standort zu Kunden in einem anderen Land verbunden sind, d. h. die Gesamtkosten.
- Alle erforderlichen Produktänderungen (und damit verbundenen Kosten), um die Vorschriften und Normen des Ziellandes zu erfüllen.

Schritt 2: Recherche durchführen

Primäre Marktforschung umfasst Informationen, die direkt auf dem ausländischen Markt durch Interviews, Umfragen und andere direkte Kontakte mit Vertretern und potenziellen Käufern erhoben werden. Der Besuch von Messen (in den USA oder international), Konferenzen oder anderen Branchenveranstaltungen bietet sich als idealer Rahmen für Gespräche im Rahmen der primären Marktforschung an.

Der Vorteil von Primärmarktforschung liegt darin, dass sie auf die Bedürfnisse und spezifischen Fragestellungen Ihres Unternehmens zugeschnitten werden kann. Allerdings kann sie zeitaufwändig und teuer sein – und ist möglicherweise nicht umfassend.

Sekundärmarktforschung bezeichnet Informationen, die aus anderen Quellen stammen, wie beispielsweise

Handelsstatistiken oder Berichten zu einem Land oder einem Produkt. Diese Informationen sind in der Regel kostengünstiger und in manchen Fällen sogar kostenlos.

Quellen

Handelsdaten

Um ein vollständiges Bild zu erhalten, sollten Sie sowohl die US-Exportstatistik als auch die Importstatistik des jeweiligen Landes der letzten Jahre betrachten.

Es gibt zahlreiche Online-Ressourcen, die Exporteuren helfen, Export- und Importdaten zu finden und zu nutzen. Diese Ressourcen reichen von Websites der US-Regierung über multinationale Organisationen wie die Vereinten Nationen bis hin zu Websites ausländischer Regierungen. Darüber hinaus können Branchenverbände Handelsdaten sammeln und ihren Mitgliedern zur Verfügung stellen.

Viele Handelsdatenquellen verwenden den Harmonisierten Systemcode (HS-Code). Bereitstellung von Details zum allgemeinen Wachstum oder Rückgang der Exporte sowie von Daten zu spezifischen Produkten.

Statistiken zu ausländischen Importen

Suchen und analysieren Sie ausländische Importstatistiken nach Ländern, um herauszufinden, welche Länder Ihre Produktart(en) importieren. Berücksichtigen Sie auch komplementäre Produkte, insbesondere wenn Ihr HS-Code sehr allgemein ist. Ausländische Importstatistiken vermitteln Ihnen einen besseren Überblick über die allgemeine Nachfrage nach Ihren Produkten als US-Exportstatistiken in der Regel.

- Notieren Sie sich, welche Länder die meisten Ihrer Produktarten importieren. Sie können den Gesamtwert und das Volumen der Importe betrachten.
- Analysieren Sie die Trends, um festzustellen, ob der Importmarkt in den letzten Jahren expandiert oder schrumpft.
- Identifizieren Sie kleinere Märkte, die trotz geringerer Importwerte ein hohes Wachstum verzeichnen. Es könnte sich um Schwellenländer mit geringerem Wettbewerb handeln.

US-Exportstatistik

Analysieren Sie die US-Exportstatistiken nach Ländern, um herauszufinden, welche Länder Ihre Produkte aus den USA importieren. Nutzen Sie ergänzende Produkte, falls Ihr HS-Code sehr allgemein ist. Die US-Exportstatistiken helfen Ihnen, Märkte zu identifizieren, die für US-Unternehmen besonders attraktiv sind.

- Vergleichen Sie die US-Exportstatistiken für Ihre Produkte mit den ausländischen Importstatistiken. Überwiegen die US-Exporte die Importe, deutet dies möglicherweise auf eine Präferenz für US-Produkte und günstige Marktbedingungen für US-Unternehmen hin. In Ländern mit einem geringeren Anteil an US-Exporten könnten die Marktbedingungen hingegen schwieriger für US-Unternehmen sein. Das heißt nicht zwangsläufig, dass es sich um einen ungeeigneten Markt für Ihre Produkte handelt, sondern dass weitere Marktanalysen erforderlich sind.

- Die US-Exportstatistik kann Ihnen auch dabei helfen, herauszufinden, in welche Märkte Ihre inländischen Konkurrenten exportieren. Dies kann hilfreich sein, wenn Sie Ihre Markteintrittsstrategien planen.
- **TradeStats Express** verfügbaren Exportdaten der USA und der einzelnen Bundesstaaten , um die größten Exportmärkte zu identifizieren. Diese können die Wettbewerbsvorteile Ihres Bundesstaates und/oder Ihrer bisherigen Handelspartner widerspiegeln. Die gewonnenen Daten können Ihnen zudem bei der Entwicklung einer wettbewerbsfähigen Preisstrategie helfen.

Länderspezifische Forschung

Für Länder sollten Sie Daten zu Bevölkerungsgröße und -zusammensetzung, Pro-Kopf-Einkommen und Produktionsniveau nach Branchen recherchieren. Dies sind wichtige Indikatoren für das Marktpotenzial der Produkte Ihres Unternehmens. Quellen für diese Art von Informationen sind unter anderem:

- **Länderleitfäden** des US-Handelsdienstes (CCGs)
- **Marktinformationen** zu US-amerikanischen kommerziellen Dienstleistungen
- **Statistisches Jahrbuch der Vereinten Nationen**
- **Der Datenkatalog der Weltbank**
- CIA **World Factbook**
- **Daten des Internationalen Währungsfonds (IWF)**

Branchenspezifische Forschung

Marktinformationen für spezifische Branchen finden Sie unter:

- **Marktinformationen** zu US-amerikanischen kommerziellen Dienstleistungen
- **Berichte** des US-Handelsministeriums zu den wichtigsten Märkten
- **Ausländischer Landwirtschaftsdienst** des US-Landwirtschaftsministeriums (FAS)
- US-Handelsministerium, **Büro für Textilien und Bekleidung** (OTEXA)
- **Alkohol- und Tabaksteuer- und Handelsbehörde** (ATTB)
- **Nationales Reise- und Tourismusbüro** des US-Handelsministeriums

Schritt 3: Potenzielle Märkte prüfen

Für die meisten kleinen Unternehmen reichen 3–5 ausländische Märkte – zumindest anfangs – völlig aus. Es empfiehlt sich, zunächst einen Markt zu testen und dann mit zunehmender Erfahrung weitere Märkte zu erschließen. Zudem kann es kostengünstiger sein, sich auf geografische Regionen zu konzentrieren, anstatt auf Märkte, die über den ganzen Globus verstreut sind.

Bewerten Sie mithilfe der Ergebnisse Ihrer primären und sekundären Marktforschung das Potenzial auf Grundlage Ihrer Forschungsfragen (siehe oben) und der folgenden zusätzlichen Faktoren:

- Stetiges Marktwachstum und/oder Branchenwachstum im anderen Land
- Freihandelsabkommen mit den USA

- Eine bestimmte Region innerhalb des Landes anvisieren, anstatt das ganze Land.
- Nachfrage nach Ihrem Produkttyp oder ähnlichen Produkten zur Einschätzung allgemeiner Konsumtrends
- Präsenz lokaler oder anderer internationaler Wettbewerber
- Umfeld für Ihr Marketingmaterial (Übersetzungskosten, lässt sich der Name Ihres Produkts korrekt übersetzen?).
- Zölle oder nichttarifäre Handelshemmnisse, die Ihr Produkt beeinträchtigen könnten

Schritt 4: Einen Exportplan entwickeln

Sobald Sie entschieden haben, dass Ihr Unternehmen exportfähig ist und sich dazu verpflichtet haben, entwickeln Sie Ihren Exportplan auf Basis der gewonnenen Daten und Erkenntnisse. Ein maßgeschneiderter Exportplan ist ein wertvolles strategisches und operatives Instrument für das Wachstum Ihres Exportgeschäfts.

Sie könnten zu dem Schluss kommen, dass Ihre Marketingressourcen in wenigen ausgewählten Ländern effektiver eingesetzt werden könnten. Der Export in eine überschaubare Anzahl von Ländern ermöglicht es Ihnen, Ihre Ressourcen zu fokussieren, ohne Ihre bestehenden Vertriebsanstrengungen in den USA zu gefährden.

Darüber hinaus gibt es weitere Punkte, die Sie bei der Auswahl Ihrer ersten Märkte berücksichtigen sollten .

Der Aufbau eines internationalen Unternehmens braucht Zeit – oft Monate, manchmal sogar Jahre, bis sich die Investition auszahlt. Indem Sie sich an den schriftlichen Plan halten, tragen Sie dazu bei, dass Ihr Unternehmen weiterhin auf seine langfristigen Ziele hinarbeitet.

Auswahl des ersten Exportmarktes

Sobald Sie Ihre erste Marktforschung abgeschlossen und die Märkte ermittelt haben, die das größte Potenzial für Ihr Produkt oder Ihre Dienstleistung bieten, ist es entscheidend, die notwendigen Schritte für den tatsächlichen Markteintritt zu überprüfen.

Regulatorische, logistische und kulturelle Faktoren können beim Markteintritt eine Rolle spielen. Dabei sollten unter anderem folgende Fragen berücksichtigt werden:

- Gibt es infrastrukturelle/logistische Faktoren, die den Zugang zu meinem Produkt oder meiner Dienstleistung für lokale Verbraucher erschweren könnten?
- Wie kommunizieren Sie mit potenziellen Partnern und Kunden, wenn es sprachliche Unterschiede gibt?
- Gibt es für mein Produkt in dieses Bestimmungsland US-Exportkontrollen?
- Gibt es Einfuhrbestimmungen, die eine Änderung meines Produkts erforderlich machen könnten?
- Wie wird der Kundendienst abgewickelt, sobald der Markteintritt erfolgt ist, bzw. wie werden Kundenfragen beantwortet?

- Wie können Sie Risiken im Falle von Versandproblemen, Nichtzahlung oder anderen Streitigkeiten minimieren?

Darüber hinaus ist es wichtig, bei der Exportplanung mit seriösen Partnern zusammenzuarbeiten, darunter Logistikdienstleister, Zollagenten, Anwälte, Steuerberater und Banken. Die Beratung dieser Partner kann Ihnen bei der Erstellung Ihres Markteintrittsplans helfen, Zeit und Geld zu sparen und potenzielle Probleme zu vermeiden.

Schließlich kann ein seriöser, zuverlässiger und sachkundiger Partner vor Ort maßgeblich zu einem erfolgreichen Markteintritt beitragen. Ihr Partner sollte mit den Einfuhrbestimmungen, insbesondere den Zollformalitäten für Ihr Produkt, vertraut sein und die wichtigsten Branchenakteure bzw. potenziellen Kunden kennen. Der lokale Vertreter kann Ihr Produkt auch für den lokalen Verkauf anmelden und in manchen Fällen die Rechte am Produktdesign/der Marke etc. erwerben. Führen Sie eine sorgfältige Prüfung Ihres Partners durch und lassen Sie sich von einem Anwalt beraten, um Verträge zu erstellen, die Ihr Unternehmen schützen.

Freihandelsabkommen (FHA)

Der Verkauf an Partnerländer von Freihandelsabkommen (FHA) der USA kann Ihrem Unternehmen den Markteintritt und die Wettbewerbsfähigkeit auf dem globalen Markt durch den Abbau von Handelshemmnissen erleichtern. Die US-FHA regeln eine Vielzahl von Aktivitäten ausländischer Regierungen, die Ihr Geschäft betreffen: reduzierte Zölle, stärkerer Schutz des geistigen Eigentums, Möglichkeiten für US-Exporteure, sich an der Entwicklung von Produktstandards in den FHA-Partnerländern zu beteiligen, faire Behandlung für US-Investoren, verbesserte Chancen bei der Vergabe öffentlicher Aufträge im Ausland sowie neue Möglichkeiten für US-Dienstleistungsunternehmen.

Was sind Freihandelsabkommen?

Ein Freihandelsabkommen (FHA) ist eine Vereinbarung zwischen zwei oder mehr Ländern, in der sich die Länder auf bestimmte Verpflichtungen einigen, die unter anderem den Handel mit Waren und Dienstleistungen sowie den Schutz von Investoren und geistigen Eigentumsrechten betreffen. Für die Vereinigten Staaten besteht das Hauptziel von Handelsabkommen darin, Handelshemmnisse für US-Exporte abzubauen, US-Interessen im internationalen Wettbewerb zu schützen und die Rechtsstaatlichkeit im oder den Partnerländern des FHA zu stärken.

Die Vereinigten Staaten haben derzeit 14 Freihandelsabkommen mit 20 Ländern. Freihandelsabkommen können Ihrem Unternehmen den Markteintritt und die Wettbewerbsfähigkeit auf dem globalen Markt durch Zollfreiheit oder -reduzierungen und andere Vorteile erleichtern.

Wichtigste Vorteile von Freihandelsabkommen

Die Vorteile von Freihandelsabkommen für Ihr Produkt erfordern zwar möglicherweise einen höheren Dokumentationsaufwand, können Ihrem Produkt aber auch einen Wettbewerbsvorteil gegenüber Produkten aus anderen

Ländern verschaffen. US-Freihandelsabkommen regeln typischerweise eine Vielzahl von staatlichen Aktivitäten, die Ihr Unternehmen betreffen:

- Reduzierung oder Abschaffung von Zöllen auf bestimmte Waren. Beispielsweise wird ein Land, das normalerweise einen Zoll von 12 % des Wertes importierter Produkte erhebt, diesen Zoll für Produkte abschaffen, die ihren Ursprung (gemäß Definition im Freihandelsabkommen) in den Vereinigten Staaten haben. Dadurch werden Ihre Produkte auf dem Markt wettbewerbsfähiger.
- Schutz des geistigen Eigentums: Schutz und Durchsetzung der Rechte an geistigem Eigentum amerikanischer Eigentümer im FTA-Partnerland.
- Produktstandards: die Möglichkeit für US-Exporteure, sich an der Entwicklung von Produktstandards im FTA-Partnerland zu beteiligen.
- Verkauf an die Regierung: die Möglichkeit für ein US-Unternehmen, an bestimmten öffentlichen Ausschreibungen im FTA-Partnerland teilzunehmen.
- Dienstleistungsunternehmen: die Möglichkeit für US-Dienstleistungsanbieter, ihre Dienstleistungen im FTA-Partnerland anzubieten.
- Faire Behandlung für US-Investoren, vorausgesetzt, sie werden genauso günstig behandelt, wie das FTA-Partnerland seine eigenen Investoren und deren Investitionen oder Investoren und Investitionen aus Drittländern behandelt.

Branchen- und Produktklassifizierung

Es gibt drei Standardklassifikationssysteme für den Warenhandel: das **Harmonisierte System (HS)** , das Nordamerikanische Branchenklassifikationssystem (NAICS) und die Standard International Trade Classification (SITC). Darüber hinaus werden für Handelsstatistiken weitere Klassifikationen verwendet, darunter die Endverwendungskategorien und die Produkte mit fortgeschrittener Technologie (ATP).

Harmonisiertes System (HS-Code)

Das **Harmonisierte System (HS)** ist ein international standardisiertes Warenklassifizierungssystem, dessen Definitionen auf einer 6-stelligen Basisebene zwischen den Ländern einheitlich sind. Für die 8- und 10-stellige Ebene gelten länderspezifische Regelungen. Es dient der Klassifizierung physischer Güter. In den USA werden Warenklassifizierungen in zwei Publikationen veröffentlicht, wobei Schedule B für Exporte gilt.

- **Schedule B** – Die Exportstatistiken werden zunächst anhand von rund 8.000 Warenklassifizierungen gemäß Schedule B, der statistischen Klassifikation der aus den Vereinigten Staaten exportierten inländischen und ausländischen Waren, erhoben und zusammengestellt. Diese Veröffentlichung des US Census Bureau basiert auf dem Harmonisierten System für Warenausfuhren (HS). Schedule B wird vom US Census Bureau verwaltet.

Wozu benötigen Sie einen HS-Code?

Die HS-Codes dienen der Berechnung von Zöllen. Sie sind für Versanddokumente (z. B. Handelsrechnungen, Packlisten usw.) erforderlich und erleichtern die Zollabfertigung. Durch die standardisierte Kennzeichnung Ihrer Produkte im internationalen Handel beugen sie potenziellen Verzögerungen und Problemen mit der Einhaltung von Vorschriften vor. Es gibt verschiedene Zollarten. Weitere Informationen finden Sie in den Zollressourcen. Hilfreiche Ressourcen zur Schätzung von Zöllen und Steuern finden Sie auf **der Seite „Zollgebühren – Übersicht und Ressourcen“** .

Nordamerikanisches Branchenklassifizierungssystem (NAICS)

Das nordamerikanische Branchenklassifikationssystem (NAICS) ist ein einheitliches System für die Wirtschaftsanalyse in den drei Partnern des Nordamerikanischen Freihandelsabkommens (NAFTA): Kanada, Mexiko und den Vereinigten Staaten. NAICS basiert auf einem produktions- bzw. angebotsorientierten Rahmenkonzept, in dem Betriebe anhand ähnlicher Produktionsprozesse in Branchen eingeteilt werden. NAICS ist ein sechsstelliges, hierarchisches Kodierungssystem.

Standard Internationale Handelsklassifikation (SITC)

Eine statistische Klassifizierung der in den Außenhandel eingeführten Waren, die dazu dient, die für wirtschaftliche Analysen benötigten Warenaggregate bereitzustellen und den internationalen Vergleich von Handelsdaten nach Waren zu erleichtern.

Endverwendungs-Warenkategorie

Das US-amerikanische Harmonisierte Zollsystem (HS) und die Klassifizierung nach Schedule B fassen die Waren in sechs Hauptkategorien für die Endverwendung zusammen und unterteilen diese weiter in rund 140 Warengruppen. Diese Kategorien dienen der Ermittlung saisonbereinigter und inflationsbereinigter Summen. Das Konzept der Endnachfrage wurde vom Bureau of Economic Analysis für die Zahlungsbilanz entwickelt.

Produkte für fortgeschrittene Technologien (ATP)

Etwa 500 der rund 22.000 Warenklassifizierungscodes, die in der Berichterstattung über den US-Warenhandel verwendet werden, sind als „fortschrittliche Technologie"-Codes gekennzeichnet und erfüllen die folgenden Kriterien:

- Der Code enthält Produkte, deren Technologie aus einem anerkannten Hochtechnologiebereich stammt (z. B. Biotechnologie).
- Diese Produkte repräsentieren Spitzentechnologie auf diesem Gebiet.
- Solche Produkte stellen einen bedeutenden Teil aller unter den gewählten Klassifizierungscode fallenden Artikel dar.

Dieses produkt- und warenbezogene Maß für fortgeschrittene Technologie unterscheidet sich von den breiter gefassten branchenbezogenen NAICS-Maßnahmen, die alle von einer bestimmten Industriegruppe produzierten Güter umfassen, unabhängig vom Grad der in den Gütern enthaltenen Technologie.

Qualifizierte Käufer und Partner finden

Käufer oder Partner finden

Ausländische Käufer finden: Handelsmissionen

Suchen Sie nach weiteren Möglichkeiten, ausländische Käufer oder Partner zu finden? Im Rahmen Ihrer Exportplanung sollten Sie die Teilnahme an einer Handelsdelegation des US-Handelsministeriums in Erwägung ziehen. US-Unternehmen reisen organisiert ins Ausland und werden von Branchenexperten oder hochrangigen Beamten begleitet.

Organisierte Handelsmissionen des US-Handelsministeriums

Jährlich nehmen zahlreiche US-Unternehmen an den vom US-Handelsministerium organisierten Handelsmissionen teil. Nutzen Sie die Vorteile dieser Handelsmissionen, um neue Handelskontakte, Partnerschaften und internationale Umsätze zu generieren:

- Einzelgespräche mit ausländischen Führungskräften aus der Industrie und Regierungsbeamten, die im Voraus auf Ihre spezifischen Geschäftsziele abgestimmt sind, sei es für Repräsentation, Direktvertrieb oder Joint Ventures auf dem lokalen Markt.
- Netzwerkveranstaltungen mit Gästen aus lokalen Multiplikatoren der Branche, darunter

Handelskammern, Verbände und Wirtschaftsräte, die in der Geschäftswelt einflussreich sind.

- Briefings und Gesprächsrunden mit Vertretern der Rechts- und Wirtschaftswelt zu lokalen Geschäftspraktiken und -möglichkeiten.
- Besuche vor Ort bei lokalen Einrichtungen, in denen Ihre Technologien/Dienstleistungen Anwendung finden könnten.
- Medienberichterstattung .

Ausländische Käufer finden: Messen

Erweitern Sie Ihre internationale Vertriebsstrategie, indem Sie Ihre Produkte auf wichtigen ausländischen Messen präsentieren oder ausländische Einkäufer auf US-Messen treffen. Der US-Handelsdienst bietet zahlreiche Services zur Optimierung Ihrer Messepräsenz.

Export-Messeprogramme

Erschließen Sie sich neue Geschäftskontakte, Partnerschaften und Umsätze im Rahmen Ihrer internationalen Vertriebsstrategien, indem Sie die Unterstützung des US-Handelsministeriums auf nationalen und internationalen Exportmessen nutzen. Nachfolgend finden Sie Beispiele, wie Sie über gängige Messeprogramme internationale Käufer finden können:

Internationales Käuferprogramm

- Das International Buyer Program (IBP) unterstützt bedeutende nationale Fachmessen, die US-Produkte und -Dienstleistungen mit hohem Exportpotenzial präsentieren. Handelsexperten des US Commercial

Service, die in US-Botschaften und -Konsulaten weltweit tätig sind, gewinnen potenzielle ausländische Einkäufer für die Teilnahme an ausgewählten Fachmessen und bringen sie mit US-Ausstellern zusammen.

- Neben Networking-Möglichkeiten profitieren die teilnehmenden US-Unternehmen von praxisnaher Exportberatung, Marktanalysen und Matching-Services durch die Länder- und Branchenexperten des Handelsministeriums.
- Das IBP wählt und bewirbt jährlich rund 30 US-amerikanische Fachmessen, die durchschnittlich 13.000 ausländische Einkäufer anziehen. Dies führt zu einem Umsatz von mehreren hundert Millionen Dollar für US-amerikanische Aussteller in einer Vielzahl führender Industriezweige.

Zertifizierte Messen

- Messen sind wie Schaufenster, in denen Tausende von Unternehmen aus vielen Ländern ihre Waren und Dienstleistungen präsentieren. Sie dienen als Marktplatz, auf dem Käufer und Verkäufer unkompliziert zusammenkommen können.
- Viele Messen sind vom US-Handelsministerium zertifiziert. Die Zertifizierung einer Messe bzw. eines US-Pavillons steht für die Empfehlung des US-Handelsministeriums und garantiert amerikanischen Unternehmen eine hochwertige und vielseitige

Möglichkeit, ihre Produkte erfolgreich im Ausland zu vermarkten.

- Im US-Pavillon unterstützen Handelsexperten des US Commercial Service amerikanische Unternehmen beim Zugang zu ausländischen Käufern, Agenten und Branchenvertretern. Zu den angebotenen Dienstleistungen gehören Branchen- und Ländermarktanalysen im Vorfeld der Messe, individuelle Exportberatung, Promotion vor Ort und vieles mehr. Das US-Handelsministerium zertifiziert jährlich rund 100 Veranstaltungen in über 23 Ländern und verschiedenen Branchen.

Ausländischer Landwirtschaftsdienst (www.fas.usda.gov)
Über ein Netzwerk von Beratern, Attachés, Handelsbeamten, Rohstoffanalysten und Marketingspezialisten kann der Auslandsdienst des Landwirtschaftsministeriums (FAS) Kontakte im Ausland herstellen und Marketingunterstützung für Unternehmen leisten, die Agrarprodukte exportieren.

Internationale Unternehmensprofile

Ein International Company Profile (ICP) ist ein Hintergrundbericht über ein bestimmtes ausländisches Unternehmen, der von Handelsbeamten des US Commercial Service in amerikanischen Botschaften und Konsulaten erstellt wird.

Diese Berichte umfassen:

- Informationen zum Unternehmen
- Gründungsjahr
- Relative Größe

- Anzahl der Mitarbeiter
- Allgemeiner Ruf
- abgedecktes Gebiet
- Sprachliche Fähigkeiten
- Geführte Produktlinien
- Haupteigentümer
- Finanzielle Referenzen
- Handelsreferenzen

Jeder ICP enthält außerdem einen allgemeinen Bericht des Beamten des US Commercial Service, der die Untersuchung zur Zuverlässigkeit des ausländischen Unternehmens durchgeführt hat.

Der ICP-Service wird in Ländern angeboten, in denen es an ausreichend privaten Anbietern von Kreditinformationen und Hintergrundinformationen zu lokalen Unternehmen mangelt. Kreditberichte über ausländische Unternehmen sind von zahlreichen privaten Anbietern erhältlich, darunter (in den Vereinigten Staaten) Dun & Bradstreet und Graydon International.

Internationale Partnersuche

Mit der internationalen Partnersuche des US-Handelsministeriums arbeiten Expertenteams in über 75 Ländern daran, die passendsten strategischen Partner für Sie zu finden. Sie stellen Ihre Marketingmaterialien und Unternehmensinformationen zur Verfügung. Das US-Handelsministerium nutzt sein starkes internationales Netzwerk, um potenzielle Partner zu interviewen und Ihnen eine Liste mit bis zu fünf vorselektierten Unternehmen zu präsentieren. Indem Sie ausschließlich mit diesen vorselektierten Unternehmen zusammenarbeiten, die am Kauf oder Verkauf Ihrer Produkte und Dienstleistungen interessiert sind, sparen Sie wertvolle Zeit und Kosten.

Die internationale Partnersuche ermöglicht es Ihnen, innerhalb von 15 Tagen hochwertige Marktinformationen zu erhalten. Die Suche liefert Informationen zu Größe, Umsatz, Unternehmensdauer und Mitarbeiterzahl potenzieller Partner sowie deren Einschätzung der Marktfähigkeit Ihres Produkts oder Ihrer Dienstleistung. Sie erhalten außerdem die vollständigen Kontaktdaten der wichtigsten Ansprechpartner unter den potenziellen Partnern, die an Ihrem Unternehmen interessiert sind.

Planen Sie Ihre Markteintrittsstrategie: Exportberatung

Der US-Handelsdienst verfügt über ein globales Netzwerk von Handelsexperten mit praktischer Erfahrung vor Ort weltweit. Die angebotenen Dienstleistungen sind vielfältig und umfassend: Handelsexperten unterstützen bei der Exportplanung, der Abwicklung von Zoll- und Dokumentationsfragen, der Suche nach vorab geprüften ausländischen Käufern, der Erschließung der besten Exportmärkte, der Messepräsenz, der internationalen Marktforschung und vielem mehr. Um weitere spezifische Exportbedürfnisse wie Handelsfinanzierung und Risikominimierung zu erfüllen, arbeiten die Handelsexperten mit Institutionen wie der US-Kleinunternehmensverwaltung (SBA) und der US-Export-Import-Bank zusammen.

Exportberatung

- Entwicklung effektiver Markteintritts- und Vertriebsstrategien.
- Die Anforderungen an die Exportdokumentation und die Einfuhrbestimmungen ausländischer Märkte verstehen.
- Navigieren Sie durch die Exportkontrollen, Compliance-Vorschriften und Handelsfinanzierungsoptionen der US-Regierung.

Geschäftsanbahnung

- Nehmen Sie Kontakt mit vorab geprüften potenziellen Partnern auf.
- Präsentieren Sie Ihr Produkt oder Ihre Dienstleistung potenziellen Käufern auf Fachmessen weltweit.
- Treffen Sie sich mit internationalen Entscheidungsträgern aus Wirtschaft und Politik in Ihren Zielmärkten.

Marktinformationen

- Analysieren Sie das Marktpotenzial und die ausländischen Wettbewerber.
- Erhalten Sie nützliche Informationen zu den besten Aussichten, Finanzierungsmöglichkeiten, Gesetzen und kulturellen Aspekten.
- Führen Sie Hintergrundüberprüfungen potenzieller Käufer und Vertriebspartner durch.

Handelsdiplomatie

- Überwinden Sie Handelshemmnisse, um erfolgreich in internationale Märkte einzutreten.

- Profitieren Sie von der koordinierten Zusammenarbeit der US-Regierung mit ausländischen Regierungen zum Schutz der US-Wirtschaftsinteressen.
- Nutzen Sie die Handelsvertretung der US-Regierung für Ihre Ausschreibungen ausländischer Regierungen.

Weitere Möglichkeiten, Käufer oder Partner zu finden

Der Export Ihrer Produkte in ausländische Märkte kann eine hervorragende Möglichkeit sein, Ihr Unternehmen auszubauen und neue Kunden zu erreichen.

Hier einige Tipps aus den Suchergebnissen:

1. Nutzen Sie Online-Verzeichnisse und Suchmaschinen:

Online-Verzeichnisse und Suchmaschinen helfen Ihnen, internationale Märkte für Ihr Exportprodukt zu finden und mit internationalen Käufern in Kontakt zu treten. Sie können diese Plattformen nutzen, um Kontaktinformationen potenzieller Käufer zu finden und diese direkt anzusprechen.

2. Zusammenarbeit mit ausländischen Agenturen:

Die zuverlässigste Methode, Käufer für Ihre Exportprodukte zu finden, ist die Zusammenarbeit mit einer ausländischen Importagentur. Viele Länder verfügen über staatliche Handelsgesellschaften, die über Botschaften anderer Länder tätig sind.

3. E-Mails oder Nachrichten senden:

Sie können E-Mails oder Nachrichten an bestehende oder potenzielle Käufer senden, um Ihr Produkt vorzustellen und ein Gespräch zu beginnen. Verwenden Sie in Ihren E-Mails aussagekräftige Verweise und Links, um das Vertrauen der Käufer zu gewinnen.

4. Online-Auslandsgeschäft:

E-Commerce bezeichnet den Online-Handel zwischen Unternehmen (B2B) und Verbrauchern (B2C). Der Begriff umfasst alle Online-Aktivitäten eines Unternehmens, um an Konsumenten im In- und Ausland zu verkaufen. Dazu gehören:

- Der Verkauf über eine Website
- Die Online-Werbung, die zu einem Verkauf führt
- Der Markenaufbau, der dazu beiträgt, das Ganze zu einer zusammenhängenden Geschichte für die Konsumenten zu verbinden.

5. Suche und recherchiere in sozialen Medien:

Facebook, LinkedIn und andere Social-Media-Gruppen eignen sich hervorragend, um Meinungen von Einheimischen einzuholen und nach Preisen und Produktbewertungen zu fragen.

6. Beziehungen zu Käufern aufbauen:

Es genügt nicht, potenzielle Käufer zu finden; Sie müssen auch Vertrauen und eine gute Beziehung zu ihnen aufbauen. Sie sollten:

- Halten Sie regelmäßig Kontakt zu den Käufern und versorgen Sie sie mit relevanten Informationen und Aktualisierungen:
- Beantworten Sie ihre Fragen und gehen Sie auf ihre Anliegen umgehend und professionell ein.

- Stellen Sie ihnen nach Möglichkeit Muster, Erfahrungsberichte oder Referenzen zur Verfügung.
- Verhandeln Sie die Verkaufsbedingungen, wie Preis, Zahlungsmethode, Lieferzeit, Garantie usw.
- Unterzeichnen Sie einen Vertrag oder eine Vereinbarung, in der die Einzelheiten der Transaktion festgelegt sind.
- Liefern Sie Ihr Produkt pünktlich und in einwandfreiem Zustand.
- Bitten Sie um Feedback und Verbesserungsvorschläge.

Online-Verzeichnisse zur Suche nach ausländischen Käufern

Es gibt verschiedene Online-Verzeichnisse, die Ihnen helfen können, ausländische Käufer für Ihr Exportgeschäft zu finden. Hier sind einige der besten Verzeichnisse laut Suchergebnissen:

1. **Thomasnet :** Thomas ist eine führende industrielle Beschaffungs- und Marketingplattform, die nordamerikanische Hersteller, Händler und Dienstleister durch datengesteuerte Produktfindung und strategische Marketinglösungen in die Lage versetzt, zu wachsen.

2. **Foreign Trade Online:** Diese Website bietet ein benutzerfreundliches Verzeichnis und weitere nützliche Tools, wie beispielsweise eine durchsuchbare Liste von Messen sowie zahlreiche Informationen zu Reisen und Inspektionen. Ziel ist es außerdem, kleinen und mittleren Unternehmen (KMU) den Zugang zu den Weltmärkten zu erleichtern und ihnen

Möglichkeiten zur Erweiterung ihrer Kapazitäten und zur Expansion über die Landesgrenzen hinaus zu eröffnen.

3. **Wholesale Central:** Dies ist ein B2B-Verzeichnis für Großhändler und Dropshipping-Anbieter . Es ist das führende B2B-Verzeichnis für Großhandelslieferanten und -produkte. Es bietet leistungsstarke Beschaffungstools, mit denen Wiederverkäufer Tausende von geprüften Großhändlern, Importeuren, Distributoren, Dropshipping-Anbietern und Herstellern finden können.

4. **Internationale Handelsverwaltung:** Die Internationale Handelsverwaltung bietet maßgeschneiderte Dienstleistungen an, die Ihnen helfen, neue Käufer und Partner zu finden.

5. **Der Auslandslandwirtschaftsdienst (FAS):** Der FAS arbeitet mit über 70 Partnerorganisationen zusammen, die einen Querschnitt der US-amerikanischen Lebensmittel- und Agrarwirtschaft repräsentieren, und verwaltet ein Instrumentarium an Handelsförderungsprogrammen, um US-Exporteure bei der Erschließung und dem Erhalt von Märkten für Hunderte von Produkten zu unterstützen. Der FAS fördert US-amerikanische Agrarexporteure außerdem durch Exportkreditgarantieprogramme und andere Formen der Unterstützung.

6. **Exportportal:** Das Exportportal ist eine B2B-E-Commerce-Plattform, die sich als umfassende internationale Handelsplattform für kleine und mittlere Unternehmen (KMU) und vergleichbare Unternehmen versteht. Über unseren kostenlosen B2B-Marktplatz können Unternehmen neue Märkte für ihre Produkte und Dienstleistungen

erschließen und ihre Reichweite global ausbauen. Zu unseren exklusiven Vorteilen gehören vielfältige Funktionen und Tools, die Unternehmen zum Erfolg im internationalen Handel verhelfen.

Es handelt sich um eine Online-Plattform, die kleinen und mittleren Unternehmen (KMU) einen zentralen Zugang zu internationalen Märkten bietet und sie beim Markteintritt oder der Expansion mit ausländischen Partnern unterstützt. Unsere Mitglieder können so vertrauensvoll Handel treiben, sich vernetzen und mit anderen geprüften Unternehmen und Experten aus aller Welt kommunizieren.

7. Der Global Trade Helpdesk (GTH): Der Global Trade Helpdesk (GTH) ist eine von mehreren Behörden gemeinsam geleitete Initiative des ITC, der UNCTAD und der WTO, die darauf abzielt, die Marktforschung für Unternehmen, insbesondere für Kleinst-, Klein- und Mittelbetriebe (KKMU), zu vereinfachen, indem Handels- und Geschäftsinformationen in einem einzigen Online-Portal zusammengeführt werden.

8. Tradekey : Dies ist ein weltweiter B2B-Online-Marktplatz für den Kauf und Verkauf von Vermögenswerten und Internetunternehmen. Er dient als Plattform für Inhaber von Online-Unternehmen, um verschiedene Produkte auszutauschen, darunter Kleidung, mobile Apps, Elektronik, Möbel, Chemikalien, Kosmetik- und Körperpflegeprodukte und vieles mehr. Die Website fungiert als B2B-Online-Portal für Unternehmer und Inhaber moderner Kleinunternehmen.

9. ExportHub : Dies ist ein internationaler B2B-Marktplatz, der als Online-Verkaufsplattform fungiert und sich auf die

Erleichterung des Handels zwischen Ländern sowie die Lösung von Problemen spezialisiert hat, denen Unternehmen beim Import und Export von Waren begegnen.

10. Global Source: Global Sources ist eine international anerkannte Multichannel-Online-to-Offline (O2O)-Sourcing-Plattform zur Erleichterung des globalen Handels.

11. IndiaMart : Hier finden Sie Importeure aus Indien.

12. Kompass : Dies ist ein globales Verzeichnis für B2B-Unternehmen, das sich zur internationalen Suche nach Käufern und Lieferanten eignet.

Diese Online-Verzeichnisse können Ihnen dabei helfen, ausländische Käufer für Ihr Exportgeschäft zu finden. Es ist jedoch wichtig, jedes Verzeichnis sorgfältig zu prüfen und zu bewerten, um das für Ihr Unternehmen am besten geeignete zu ermitteln.

Rechtliche Anforderungen und Registrierungen

Wählen Sie eine Unternehmensstruktur für den Export aus den USA

Einzelunternehmen

Ein Einzelunternehmen ist einfach zu gründen und gibt Ihnen die volle Kontrolle über Ihr Geschäft. Sie gelten automatisch als Einzelunternehmer, wenn Sie geschäftliche Aktivitäten ausüben, aber sich nicht als andere Unternehmensform registrieren lassen.

Einzelunternehmen bilden keine eigenständige juristische Person. Das bedeutet, dass Ihr Geschäftsvermögen und Ihre Geschäftsverbindlichkeiten nicht von Ihrem Privatvermögen und Ihren Privatverbindlichkeiten getrennt sind. Sie haften persönlich für die Schulden und Verbindlichkeiten des Unternehmens. Einzelunternehmer können dennoch einen Firmennamen eintragen lassen. Die Kapitalbeschaffung kann sich jedoch als schwierig erweisen, da Sie keine Waren verkaufen können und Banken Einzelunternehmen nur ungern Kredite gewähren.

Einzelunternehmen können eine gute Wahl für risikoarme Unternehmen und Inhaber sein, die ihre Geschäftsidee testen möchten, bevor sie ein formelleres Unternehmen gründen.

Partnerschaft

Partnerschaften sind die einfachste Struktur für zwei oder mehr Personen, um gemeinsam ein Unternehmen zu besitzen. Es gibt zwei gängige Arten von Partnerschaften: Kommanditgesellschaften (KG) und Partnerschaften mit beschränkter Haftung (LLP).

Eine Kommanditgesellschaft hat nur einen persönlich haftenden Gesellschafter mit unbeschränkter Haftung, alle anderen Gesellschafter haften nur beschränkt. Die beschränkt haftenden Gesellschafter haben in der Regel auch nur beschränkten Einfluss auf das Unternehmen, was im Gesellschaftsvertrag festgehalten wird. Gewinne werden in der persönlichen Steuererklärung angegeben, und der persönlich haftende Gesellschafter – also der Gesellschafter ohne beschränkte Haftung – muss zusätzlich die Sozialversicherungsbeiträge für Selbstständige entrichten.

Limited Liability Partnerships (LLPs) ähneln Kommanditgesellschaften, bieten aber jedem Gesellschafter nur beschränkte Haftung. Eine LLP schützt jeden Gesellschafter vor Schulden der Partnerschaft; er haftet nicht für die Handlungen anderer Gesellschafter.

Gesellschaft mit beschränkter Haftung (GmbH)

Mit einer LLC können Sie die Vorteile sowohl der Kapitalgesellschaft als auch der Personengesellschaft nutzen. LLCs schützen Sie in den meisten Fällen vor persönlicher Haftung; Ihr persönliches Vermögen – wie Ihr Fahrzeug, Ihr Haus und Ihre Sparkonten – ist nicht gefährdet, falls Ihre LLC in Konkurs geht oder verklagt wird.

Gewinne und Verluste können ohne Körperschaftsteuer direkt in Ihr persönliches Einkommen einfließen. Allerdings gelten die Mitglieder einer GmbH als Selbstständige und müssen Beiträge zur Sozialversicherung (Medicare und Social Security) entrichten.

In vielen Bundesstaaten ist die Lebensdauer von LLCs begrenzt. Tritt ein Mitglied einer LLC bei oder verlässt sie diese, kann in einigen Bundesstaaten die Auflösung und Neugründung der LLC mit neuen Mitgliedern vorgeschrieben sein – es sei denn, es besteht bereits eine Vereinbarung innerhalb der LLC über den Kauf, Verkauf und die Übertragung von Anteilen.

LLCs können eine gute Wahl für Unternehmen mit mittlerem oder hohem Risiko, für Eigentümer mit einem beträchtlichen persönlichen Vermögen, das sie schützen möchten, und für Eigentümer sein, die einen niedrigeren Steuersatz zahlen möchten als bei einer Kapitalgesellschaft.

Gesellschaft

C- Corporation

Eine Kapitalgesellschaft, auch C- Corporation genannt , ist eine juristische Person, die von ihren Eigentümern getrennt ist. Kapitalgesellschaften können Gewinne erzielen, besteuert werden und haftbar gemacht werden.

Kapitalgesellschaften bieten ihren Eigentümern den stärksten Schutz vor persönlicher Haftung, allerdings sind die Gründungskosten höher als bei anderen Rechtsformen. Zudem erfordern Kapitalgesellschaften eine umfassendere

Buchhaltung, komplexere Betriebsabläufe und ein detailliierteres Berichtswesen.

S- Corporation

Eine S-Corporation, auch S- Corp genannt , ist eine spezielle Unternehmensform, die die Doppelbesteuerung regulärer C-Corporations vermeiden soll. S-Corporations ermöglichen es, Gewinne und bestimmte Verluste direkt an das persönliche Einkommen der Eigentümer weiterzuleiten, ohne dass diese der Körperschaftsteuer unterliegen.

Wählen Sie Ihren Firmennamen und registrieren Sie ihn zum Schutz.

Sie können einen Firmennamen wählen, der Ihre Markenidentität widerspiegelt und nicht mit den von Ihnen angebotenen Waren und Dienstleistungen kollidiert.

Sobald Sie sich für einen passenden Namen entschieden haben, sollten Sie ihn schützen lassen. Es gibt vier verschiedene Möglichkeiten, Ihren Firmennamen eintragen zu lassen. Jede dieser Möglichkeiten dient einem anderen Zweck, und je nach Unternehmensstruktur und Standort können einige sogar gesetzlich vorgeschrieben sein.

- Der Name der Organisation schützt Sie auf Landesebene.
- Markenrechte schützen Sie auf Bundesebene.
- Die Verwendung eines Firmennamens (DBA) bietet keinen Rechtsschutz, kann aber rechtlich erforderlich sein.

- Ein Domainname schützt die Adresse Ihrer Geschäftswebsite.

Jede dieser Namensregistrierungen ist rechtlich unabhängig. Die meisten Kleinunternehmen versuchen, für jede Art von Registrierung denselben Namen zu verwenden, aber das ist normalerweise nicht vorgeschrieben.

Registrieren Sie Ihr Unternehmen

Registrierung bei Bundesbehörden

Viele Unternehmen in den Vereinigten Staaten müssen Informationen über ihre wirtschaftlich Berechtigten – also die Personen, denen das Unternehmen letztendlich gehört oder die es kontrollieren – melden. Diese Meldung erfolgt an das Financial Crimes Enforcement Network (FinCEN). FinCEN ist eine Behörde des US-Finanzministeriums. Die Meldung wirtschaftlich Berechtigter ist eine Anforderung des Corporate Transparency Act von 2021.

Unternehmen, die zur Einhaltung dieser Vorschriften verpflichtet sind, werden als meldepflichtige Unternehmen bezeichnet. Weitere Informationen finden Sie in der Mitteilung des FinCEN BOI (PDF).

Bei staatlichen Stellen anmelden

Wenn es sich bei Ihrem Unternehmen um eine Gesellschaft mit beschränkter Haftung (GmbH), eine Aktiengesellschaft, eine Personengesellschaft oder eine gemeinnützige Körperschaft handelt, müssen Sie sich wahrscheinlich in jedem Bundesstaat registrieren lassen, in dem Sie geschäftliche Aktivitäten ausüben.

Im Allgemeinen gilt man als in einem Bundesstaat geschäftlich tätig, wenn:

- Ihr Unternehmen hat eine physische Präsenz im Bundesstaat.
- Sie haben häufig persönliche Treffen mit Kunden im Bundesstaat.
- Ein erheblicher Teil der Einnahmen Ihres Unternehmens stammt vom Staat.
- Arbeiten Ihre Mitarbeiter im Bundesstaat?

In einigen Bundesstaaten ist die Online-Registrierung möglich, in anderen müssen die Unterlagen in Papierform persönlich oder per Post eingereicht werden.

Melden Sie sich bei den örtlichen Behörden an.

Normalerweise ist es nicht notwendig, sich bei der Kreis- oder Stadtverwaltung anzumelden, um Ihr Unternehmen zu gründen.

Wenn es sich bei Ihrem Unternehmen um eine LLC, eine Aktiengesellschaft, eine Personengesellschaft oder eine gemeinnützige Körperschaft handelt, müssen Sie möglicherweise Lizenzen und Genehmigungen bei der Kreis- oder Stadtverwaltung beantragen.

Einige Landkreise und Städte verlangen außerdem, dass Sie Ihren DBA – einen Handelsnamen oder einen fiktiven Namen – registrieren lassen, wenn Sie einen verwenden.

Die lokalen Behörden legen die Anforderungen für Registrierung, Lizenzierung und Genehmigung fest. Besuchen Sie daher die Websites der lokalen Behörden, um herauszufinden, was Sie tun müssen.

Registrierung beim IRS zur Erlangung einer EIN

Nach der Gewerbeanmeldung müssen Sie sich beim IRS (Internal Revenue Service) registrieren, um eine EIN (Employer Identification Number) zu beantragen.

Was ist eine EIN?

Die Arbeitgeberidentifikationsnummer (EIN), oft auch als Bundessteueridentifikationsnummer bezeichnet, ist eine neunstellige Nummer, die Ihr Unternehmen für Steuerzwecke eindeutig identifiziert. Sie ist vergleichbar mit der Sozialversicherungsnummer Ihres Unternehmens. Jede Unternehmensform – ob Einzelunternehmen, Personengesellschaft, GmbH oder Kapitalgesellschaft – benötigt möglicherweise eine EIN, insbesondere wenn sie plant, Mitarbeiter einzustellen, als Kapitalgesellschaft oder Personengesellschaft firmiert, Lohn-, Verbrauchs- oder Alkohol-/Tabak-/Waffensteuererklärungen abgibt oder Steuern auf nicht lohngebundene Einkünfte von Nichtansässigen einbehält.

Eine EIN (Arbeitgeber-Identifikationsnummer) zu besitzen ist mehr als nur eine Formalität; sie ist unerlässlich für die Legitimierung und Organisation Ihres Unternehmens. Sie ermöglicht Ihnen die Eröffnung von Geschäftskonten, den Aufbau einer Geschäftskreditwürdigkeit, die Einstellung von Mitarbeitern und die Erfüllung Ihrer steuerlichen Pflichten gegenüber Bund und Ländern. Darüber hinaus benötigen Sie möglicherweise eine EIN für Verträge, Lieferantenkonten und sogar zur Finanzierung.

Vorbereitung der Beantragung einer EIN

Bevor Sie eine EIN (Arbeitgeber-Identifikationsnummer) beantragen, können Sie einige Vorbereitungen treffen. Prüfen Sie zunächst Ihre Voraussetzungen: Um eine EIN online zu beantragen, muss Ihr Unternehmen seinen Sitz in den USA oder deren Territorien haben. Sie müssen außerdem eine verantwortliche Person benennen können. Diese Person kontrolliert, leitet und steuert die täglichen Geschäftsabläufe und hat Zugriff auf die Unternehmensgelder. Sie benötigt eine gültige Steueridentifikationsnummer (TIN), z. B. eine Sozialversicherungsnummer (SSN), eine individuelle Steueridentifikationsnummer (ITIN) oder eine bereits bestehende EIN.

Wenn Sie diese Zulassungsvoraussetzungen erfüllen, müssen Sie folgende Informationen zusammentragen:

- Der vollständige juristische Name Ihres Unternehmens sowie alle Handelsnamen oder „Doing Business As"-Namen (DBA).
- Die Postanschrift und die physische Adresse Ihres Unternehmens.
- Ihre Unternehmensform (z. B. Kapitalgesellschaft, GmbH) und Grund für die Beantragung der EIN.
- Die Haupttätigkeiten Ihres Unternehmens und die voraussichtliche Mitarbeiterzahl im ersten Jahr.

Wie man eine EIN beantragt

Die Beantragung einer EIN ist unkompliziert und kann auf verschiedenen Wegen erfolgen, unter anderem online, per

Post, Fax oder Telefon (für internationale Antragsteller). So funktioniert es:

- **Online-Antragstellung** : Am schnellsten und einfachsten erhalten Sie eine EIN (Arbeitgeber-Identifikationsnummer) über das Online-Antragssystem der IRS-Website. Dieser Service steht Ihnen montags bis freitags zu bestimmten Zeiten zur Verfügung. Nach dem Ausfüllen des Online-Formulars erhalten Sie Ihre EIN umgehend. Bitte bereiten Sie sich darauf vor, Fragen zu Ihrem Unternehmen zu beantworten, z. B. zur Rechtsform, zum Antragsgrund und zu den Angaben zum Verantwortlichen.
- **Antragstellung per Post oder Fax** : Wenn Sie die Einreichung in Papierform bevorzugen, können Sie das Formular SS-4 ausfüllen und per Post oder Fax an die IRS senden. Die Bearbeitungszeiten können variieren. Faxanträge werden in der Regel innerhalb von vier Tagen bearbeitet, während die Bearbeitung per Post bis zu vier Wochen dauern kann. Diese Methode wird häufiger von Personen genutzt, die Hilfe bei der Online-Antragstellung benötigen, beispielsweise von ausländischen Unternehmen.
- **Telefonische Antragstellung für internationale Antragsteller** : Antragsteller außerhalb der USA können eine EIN (Arbeitgeber-Identifikationsnummer) telefonisch beim EIN International Desk des IRS beantragen. Dies ist ideal

für ausländische Unternehmen mit Geschäftsaktivitäten in den Vereinigten Staaten. Halten Sie alle erforderlichen Informationen bereit und seien Sie darauf vorbereitet, Fragen zur Überprüfung Ihrer Berechtigung zu beantworten.

Verwendung Ihrer EIN

Sobald Sie Ihre EIN erhalten haben, können Sie sie verwenden. Ihre EIN dient als eindeutige Kennung Ihres Unternehmens und ist für verschiedene Funktionen unerlässlich.

- **Abgabe der Bundessteuererklärung**

Sie benötigen Ihre EIN (Arbeitgeber-Identifikationsnummer) für Ihre Steuererklärung. Diese Nummer hilft dem IRS (Internal Revenue Service), Ihr Unternehmen zu identifizieren, Steuerzahlungen nachzuverfolgen und steuerliche Angelegenheiten zu bearbeiten. Die korrekte Verwendung Ihrer EIN in der Steuererklärung kann Verzögerungen und Probleme mit dem IRS vermeiden.

Neben der reinen Identifizierung Ihres Unternehmens ermöglicht Ihnen eine EIN (Arbeitgeber-Identifikationsnummer) die effektivere Geltendmachung relevanter Steuerabzüge und -gutschriften. Sie vereinfacht zudem den Ablauf bei Betriebsprüfungen oder der Beilegung von Streitigkeiten bezüglich Ihres Steuerstatus.

- **Eröffnung eines Geschäftskontos**

Ein separates Geschäftskonto ist unerlässlich, um Ihre privaten und geschäftlichen Finanzen strikt zu trennen. Die meisten Banken verlangen eine Steuernummer (EIN) für die

Eröffnung eines Geschäftskontos. Diese Trennung vereinfacht die Buchhaltung und erleichtert die Nachverfolgung der Einnahmen und Ausgaben Ihres Unternehmens, was insbesondere bei der Steuererklärung von unschätzbarem Wert ist.

Mit einem Geschäftskonto unter Ihrer EIN (Arbeitgeber-Identifikationsnummer) erhalten Sie Zugang zu verschiedenen Finanzinstrumenten und -dienstleistungen speziell für Unternehmen, wie z. B. spezialisierten Geschäftskrediten, Kreditlinien und Händlerdienstleistungen. Diese Vorteile erleichtern die Verwaltung und Skalierung Ihres Unternehmens.

- **Beantragung eines Geschäftskredits**

Ihre EIN (Arbeitgeber-Identifikationsnummer) spielt auch eine Rolle beim Aufbau einer guten Bonität. Kreditgeber und Auskunfteien nutzen Ihre EIN, um die Kreditwürdigkeit Ihres Unternehmens zu beurteilen. Eine gute Bonität kann Ihnen helfen, Kredite zu sichern, bessere Konditionen mit Lieferanten auszuhandeln und Wachstumschancen zu eröffnen.

Der Aufbau einer soliden Geschäftskreditwürdigkeit mit Ihrer EIN (Arbeitgeber-Identifikationsnummer) ermöglicht Ihnen den Zugang zu besseren Finanzierungskonditionen und schützt Ihre private Kreditwürdigkeit. Diese Trennung stellt sicher, dass sich geschäftliche Herausforderungen nicht direkt auf Ihre Bonität auswirken und bietet Ihnen somit mehr finanzielle Sicherheit.

- **Abschluss der Mitarbeitergehaltsabrechnung**

Wenn Sie Mitarbeiter haben oder planen, Mitarbeiter einzustellen, benötigen Sie Ihre Arbeitgeberidentifikationsnummer (EIN) für die Lohnabrechnung. Sie dient der Meldung von Lohnsteuern, einschließlich Sozialversicherungs- und Krankenversicherungsbeiträgen. Die korrekte Verwendung Ihrer Arbeitgeberidentifikationsnummer gewährleistet die Einhaltung bundesstaatlicher Vorschriften und wahrt ein professionelles Verhältnis zu Ihren Mitarbeitern.

Darüber hinaus ermöglicht Ihnen Ihre EIN (Arbeitgeber-Identifikationsnummer), Ihren Mitarbeitern korrekte und zeitnahe Steuerdokumente wie beispielsweise Lohnsteuerbescheinigungen (W-2-Formulare) auszustellen. Dies fördert Transparenz und Vertrauen innerhalb Ihrer Belegschaft und verringert das Risiko potenzieller Strafen wegen falsch gemeldeter Mitarbeiterlöhne.

Abschluss

Die Registrierung Ihres Unternehmens beim IRS und die Beantragung einer EIN (Arbeitgeber-Identifikationsnummer) sind unerlässlich, um die rechtliche Stellung Ihres Unternehmens zu festigen und neue Wachstumschancen zu eröffnen. Wenn Sie den Prozess verstehen und die verfügbaren Ressourcen nutzen, können Sie die Registrierung souverän durchführen. Eine EIN ist mehr als nur eine Steuernummer – sie ist der Schlüssel zu mehr Glaubwürdigkeit, Compliance und Leistungsfähigkeit beim Aufbau und der Erweiterung Ihres Unternehmens.

Ausfuhrlizenzen

Was ist eine Ausfuhrlizenz?

Eine Ausfuhrgenehmigung ist ein wichtiges Versanddokument, das von Regierungsbehörden ausgestellt wird und den Handel mit bestimmten Waren über die Grenzen der USA hinweg genehmigt.

Notiz:

- Nicht alle Exporte benötigen eine Lizenz. Erkundigen Sie sich vor dem Versand bei der zuständigen Behörde, für welche Waren eine Genehmigung/Lizenz für den Handel erforderlich ist.
- Die für die Ausstellung von Ausfuhrgenehmigungen zuständige Behörde variiert je nach Art der Waren, mit denen Sie handeln.
- Die Ausfuhrgenehmigung hat eine begrenzte Gültigkeitsdauer, in der Regel 4 Jahre, wenn sie vom Bureau of Industry and Security ausgestellt wird.

Wie beantragt man eine US-Exportlizenz?

Die US-Handelsbehörde (ITA) gibt an, dass 95 % der US-Exporte keine Ausfuhrgenehmigung benötigen. Daher ist es unerlässlich, vor dem Export zu prüfen, ob Ihre Waren eine Genehmigung benötigen.

Die Notwendigkeit einer Ausfuhrgenehmigung hängt von verschiedenen Faktoren ab, wie zum Beispiel:

- Der zu exportierende Gegenstand (Produkt oder Technologie).
- Wohin es exportiert wird.
- Wer ist der Empfänger?

- Wofür soll der versendete Artikel verwendet werden?

So beantragen Sie eine Exportlizenz in den USA:

Schritt 1 : Prüfen Sie, ob Ihre Waren eine Ausfuhrgenehmigung benötigen.

- Recherchieren Sie die Zusammensetzung und den Verwendungszweck des Produkts, das Sie exportieren. Prüfen Sie anhand dessen, ob es unter die Lizenzierungskategorie fällt.
- Die ITA führt eine konsolidierte Prüfliste. Sie benötigen eine Ausfuhrgenehmigung, wenn Sie an eine der in der Liste genannten Parteien oder Organisationen exportieren.
- Wenn Ihre exportierten Waren unter die Export Administration Regulations (EAR) fallen, benötigen Sie eine Ausfuhrgenehmigung vom Bureau of Industry and Security.

Schritt 2 : Prüfen Sie, ob weitere Lizenzanforderungen gelten. Neben den EAR-Bestimmungen können auch andere Partnerbehörden für bestimmte Arten von Exportgütern eine Lizenz verlangen. Zum Beispiel:

- Die Internationalen Waffenhandelsbestimmungen (ITAR) können Lizenz- oder Genehmigungspflichten für Rüstungsgüter oder -dienstleistungen vorsehen.
- Das Office of Foreign Assets Control (OFAC) führt eine Liste von Personen und Organisationen, die aufgrund außenpolitischer Bestimmungen bestimmten Handelsbeschränkungen unterliegen. Je nachdem, in welches Land Sie exportieren, benötigen Sie

möglicherweise eine Ausfuhrgenehmigung. Die vom OFAC gelisteten Organisationen sind auch in der Consolidated Screening List aufgeführt.

- Die Atomaufsichtsbehörde und die Lebensmittel- und Arzneimittelbehörde verwalten ebenfalls die Exportkontrollen.

Hinweis: Die erforderliche Ausfuhrgenehmigung ist auf der Website der zuständigen Behörde erhältlich.

Schritt 3 : Reichen Sie Ihren Antrag auf eine Ausfuhrgenehmigung ein.

Ist Ihr Unternehmen bei BIS registriert und verfügt es über eine Unternehmensidentifikationsnummer (CIN)?

- Ja: Großartig, Sie können direkt über das Simplified Network Application Processing (SNAP-R) Portal des BIS eine Ausfuhrgenehmigung beantragen.
- Nein, keine Sorge! Sie können Ihr Unternehmen online registrieren und die CIN-Nummer online erhalten. Anschließend können Sie über das SNAP-R-Portal eine Lizenz beantragen.

Für US-Exportlizenzen erforderliche Dokumente

Zu den wichtigsten Dokumenten, die für den Erhalt einer Ausfuhrgenehmigung in den USA erforderlich sind, gehören:

- Arbeitgeberidentifikationsnummer (EIN): Wird vom IRS bezogen.
- Dun & Bradstreet Nummer (DUNS): Eine eindeutige 9-stellige Identifikationsnummer, die Unternehmen von Dun and Bradstreet (D&B) zugewiesen wird; Regierungsbehörden erkennen sie als

Standardidentifikator für ein bestimmtes Unternehmen an.

- Gründungs- oder Gewerbeanmeldungsdokumente: Nachweis, dass Ihr Unternehmen in den USA rechtmäßig registriert ist und dort tätig ist.
- Produktinformationen: Dazu gehören beispielsweise die Codes des Harmonisierten Systems (HS) und das Ursprungsland der Produkte, die Sie exportieren möchten.
- Verwendungszweckangabe: Eine Erklärung, die den beabsichtigten Verwendungszweck der exportierten Waren darlegt.
- Zollagentenlizenz: Wenn Sie für Ihre Exporte einen Zollagenten einsetzen, muss dieser über eine gültige Zollagentenlizenz verfügen.
- Vollmacht: Falls Sie eine andere Person bevollmächtigen möchten, in Ihrem Namen während des Lizenzierungsverfahrens zu handeln. Weitere Versanddokumente umfassen den Frachtbrief, die Handelsrechnung, das Inspektionszertifikat, das CBP-Einfuhrformular und relevante Zertifikate der zuständigen Partnerbehörden.

Zu den weiteren Versanddokumenten gehören der Frachtbrief, die Handelsrechnung, das Inspektionszertifikat, das CBP-Einfuhrformular und entsprechende Zertifikate von relevanten Partnerbehörden (PGAs).

Hinweis: Je nach Art der importierten oder exportierten Waren und den Bestimmungen des Ziellandes können zusätzliche

Dokumente erforderlich sein. Es empfiehlt sich, vor Beginn des Verfahrens bei den zuständigen Behörden nachzufragen, um sicherzustellen, dass Sie über alle notwendigen Dokumente verfügen.

Exportkonformität und Dokumentation

Exportkontrollbestimmungen (EAR)

Die Exportkontrollbestimmungen (EAR) legen die Regeln für den Export von Gütern fest, die die nationale Sicherheit und die Außenpolitik der USA gefährden könnten. Für Unternehmen, insbesondere Hersteller regulierter Produkte, ist ein umfassendes Verständnis der EAR unerlässlich. Die korrekte Einhaltung der Bestimmungen erfordert die ordnungsgemäße Klassifizierung von Gütern, die Kenntnis der erforderlichen Exportlizenzen und die Nutzung der entsprechenden Ausnahmeregelungen. Dies hilft nicht nur, hohe Geldstrafen und den Verlust von Exportprivilegien zu vermeiden, sondern gewährleistet auch den rechtmäßigen Umgang mit sensiblen Technologien und trägt somit letztlich zum Schutz internationaler Handelsbeziehungen und zur Aufrechterhaltung der Sicherheit bei.

Die Exportbestimmungen (EAR) sind US-amerikanische Gesetze, die die Regeln und Vorschriften für den Export und Re-Export von kommerziellen Gütern und Gütern mit doppeltem Verwendungszweck (d. h. Gütern mit sowohl zivilen als auch militärischen Anwendungen) festlegen. Beispielsweise kann Software zur Datenverschlüsselung im alltäglichen Geschäftsbetrieb, aber auch im militärischen Bereich zur sicheren Kommunikation eingesetzt werden.

Die EAR werden vom US-Handelsministerium, Bureau of Industry and Security (BIS), gemäß Gesetzen zur Kontrolle bestimmter Exporte, Re-Exporte und Aktivitäten herausgegeben.

Wer muss die EAR-Bestimmungen einhalten?

Die folgenden Sektoren müssen aufgrund der Art der Produkte und Technologien, die sie herstellen und exportieren, die EAR-Bestimmungen einhalten:

- **Technologie und Elektronik.** Diese Unternehmen produzieren häufig Computersoftware, Hardware und Telekommunikationsgeräte.
- **Luft- und Raumfahrt.** Dieser Sektor befasst sich mit Navigationssystemen und Flugzeugteilen, die offensichtliche militärische Anwendungen haben.
- **Biologisch und chemisch.** Hersteller in diesem Bereich verarbeiten möglicherweise Substanzen und biologische Kampfstoffe, die zur Waffenentwicklung eingesetzt werden könnten.
- **Fertigung und Maschinenbau.** Dazu gehören Unternehmen, die Maschinen und Industrieanlagen herstellen, die zur Entwicklung von Waffen und anderen Werkzeugen für militärische Zwecke eingesetzt werden können.
- **Forschung und Entwicklung.** Forschungs- und Entwicklungseinrichtungen entwickeln häufig fortschrittliche Technologien (z. B. künstliche Intelligenz) mit kommerziellen und potenziellen militärischen Einsatzmöglichkeiten.

Wie funktioniert das EAR-Klassifizierungssystem?

Das BIS verwendet ein Klassifizierungssystem, das Güter mit doppeltem Verwendungszweck anhand von Exportkontrollklassifizierungsnummern (ECCNs) der Commerce Control List (CCL) kategorisiert. Jede ECCN gibt den erforderlichen Kontrollgrad basierend auf der Art des Gutes und seinem endgültigen Bestimmungsort an.

Diese Klassifizierungen helfen dabei festzustellen, ob Sie für einen bestimmten Artikel eine Ausfuhrgenehmigung benötigen. Wenn Sie beispielsweise Datenverschlüsselungssoftware exportieren, könnte diese unter eine bestimmte ECCN fallen, die eine Genehmigung erfordert, insbesondere wenn sie in ein Land mit strengen Exportkontrollen versendet wird.

Auf welche Artikel gilt EAR?

Wichtig ist zu beachten, dass diese Regelungen ein breites Spektrum an Produkten und Dienstleistungen abdecken, darunter Software, Elektronik und Chemikalien.

1. **Güter mit doppeltem Verwendungszweck.** Waren, Software und Technologie mit kommerziellen und militärischen Anwendungen.
2. **Handelswaren.** Hierbei handelt es sich um Produkte, die nicht speziell für den militärischen Einsatz entwickelt wurden, aber militärische Anwendungsmöglichkeiten bieten könnten.
3. **Waren US-amerikanischer Herkunft** . Alle in den USA hergestellten Artikel, einschließlich ausländischer Artikel, die US-Komponenten oder -Technologie in

einem Umfang oberhalb der De-minimis-Grenze enthalten.

4. **Bestimmte im Ausland hergestellte Artikel.** Produkte, die außerhalb der USA hergestellt werden und einen Anteil an in den USA hergestellten Materialien enthalten, der eine geringfügige Menge übersteigt.

Welche Ausnahmen gibt es bei der EAR-Lizenz?

EAR erlaubt Unternehmen unter bestimmten Bedingungen den Export bestimmter Güter ohne Lizenz. Zu den wichtigsten Ausnahmen gehören:

- **Sendungen mit geringem Wert (LVS).** Die Exportbestimmungen (EAR) erlauben den lizenzfreien Export bestimmter Güter mit geringem Wert, sofern deren Wert einen bestimmten Schwellenwert für die zugewiesene ECCN und das Bestimmungsland nicht überschreitet. Beispielsweise können elektronische Bauteile im Wert von unter 2.500 US-Dollar in bestimmte Länder unter die LVS-Regelung fallen.
- **Technologie- und Softwarebeschränkt (TSR).** Diese Ausnahme erlaubt den Export von Software und Technologie in Länder, die unter diese Ausnahme fallen und als berechtigt gelten, wie beispielsweise einige westeuropäische Länder, ohne Lizenz. Diese Ausnahme gilt in der Regel für weniger sensible Güter gemäß EAR.
- **Verschlüsselungsgüter, -software und -technologie (ENC).** Unternehmen können

Verschlüsselungsprodukte unter bestimmten Voraussetzungen lizenzfrei exportieren, sofern diese festgelegte technische Spezifikationen und Berichtspflichten erfüllen. Beispielsweise kann Massenmarkt-Verschlüsselungssoftware im Rahmen von ENC in Länder exportiert werden, die keinem Embargo unterliegen.

Checkliste zur Einhaltung der EAR-Vorschriften

Die Einhaltung der Exportkontrollbestimmungen (EAR) ist für jedes Unternehmen, das mit sensiblen Technologien arbeitet, unerlässlich. Hier finden Sie eine einfache Checkliste, die Ihnen hilft, die EAR-Vorschriften einzuhalten und Ihr Unternehmen vor möglichen Strafen zu schützen:

- Bestimmen Sie Ihre Produktklassifizierungen

Prüfen Sie zunächst, ob Ihre Produkte als „Dual-Use"-Güter gelten, also sowohl zivil als auch militärisch genutzt werden können. Verwenden Sie die ECCNs (Exchange Control Codes) der CCL (Commercial Control List), um Ihre Artikel korrekt zu klassifizieren. Dieser obligatorische erste Schritt hilft Ihnen, die für Ihre Produkte geltenden Kontrollen besser zu verstehen.

- Informieren Sie sich über Ihre Lizenzbestimmungen

Jede ECCN (Export Control Code Number) beschreibt die Kontrollen, die sich nach Art des Produkts und Bestimmungsort richten. Prüfen Sie anhand der ECCN, des Ziellandes, des Endnutzers und des Verwendungszwecks des Produkts, ob eine Ausfuhrgenehmigung erforderlich ist. Beispielsweise kann für den Export bestimmter

Verschlüsselungssoftware eine spezielle Genehmigung erforderlich sein, je nachdem, wo und wie sie verwendet wird.

- Prüfen Sie auf Lizenzausnahmen.

Bestimmte Exporte können unter die Ausnahmeregelungen der Exportbestimmungen (EAR) fallen, was Zeit und Bürokratie spart. Jede Ausnahme hat eigene Kriterien, die sich nach Produkt, Bestimmungsort und Verwendungszweck richten. Informieren Sie sich genau über diese Ausnahmen, um unautorisierte Exporte zu vermeiden.

- Implementieren Sie eine Compliance-Strategie

Richten Sie interne Richtlinien, Schulungen und Verfahren ein, um sicherzustellen, dass alle Mitarbeiter die EAR-Bestimmungen verstehen und einhalten. Besonders wichtig ist die Einrichtung geeigneter Zugriffskontrollmaßnahmen, um die Regelung zur fiktiven Ausfuhr (Deemed Export Rule) gemäß EAR zu erfüllen. Diese Regelung bezieht sich auf die Weitergabe kontrollierter Technologie oder Software-Quellcodes an ausländische Staatsangehörige innerhalb der Vereinigten Staaten. Gemäß dieser Bestimmung wird die fiktive Ausfuhr so behandelt, als ob die Technologie oder Software in das Heimatland des ausländischen Staatsangehörigen exportiert worden wäre. Daher benötigen Sie möglicherweise eine Ausfuhrgenehmigung, abhängig von der Klassifizierung der Technologie und dem Herkunftsland des ausländischen Staatsangehörigen.

- Führen Sie genaue Aufzeichnungen

Gemäß den Exportkontrollbestimmungen (EAR) sind Unternehmen verpflichtet, detaillierte Dokumentationen zu

Exporttransaktionen, Lizenzen und Compliance-Maßnahmen mindestens fünf Jahre lang aufzubewahren. Diese sorgfältige Dokumentation ist im Falle einer Prüfung oder Untersuchung von großem Nutzen. Genaue Aufzeichnungen helfen nachzuweisen, dass Ihre Exporte rechtmäßig und in Übereinstimmung mit den EAR-Bestimmungen durchgeführt wurden.

- Interne Audits planen

Regelmäßige interne Audits helfen Ihnen sicherzustellen, dass Ihre Compliance-Prozesse den EAR-Anforderungen entsprechen. Diese Audits decken Lücken in Ihren Verfahren auf, überprüfen die Richtigkeit der Aufzeichnungen und gewährleisten, dass Ihre Mitarbeiter hinsichtlich Compliance-Praktiken und regulatorischer Aktualisierungen stets auf dem neuesten Stand sind.

- Verstöße sofort melden

Sollten Sie Verstöße feststellen, melden Sie diese umgehend dem BIS. Eine Selbstmeldung kann häufig zu geringeren Strafen führen und zeigt, dass Ihr Unternehmen proaktiv Probleme behebt und Compliance-Prozesse verbessert.

- Bleiben Sie über regulatorische Änderungen auf dem Laufenden.

Die EAR-Richtlinien werden regelmäßig aktualisiert, um neuen Technologien, Bedrohungen und Änderungen der US-Politik Rechnung zu tragen. Aktualisierungen können Änderungen der CCL, die Neuklassifizierung von Artikeln, länderspezifische Beschränkungen oder neue Lizenzanforderungen umfassen. Insgesamt hilft die regelmäßige Überwachung Unternehmen, die Einhaltung der Richtlinien sicherzustellen und rechtliche sowie finanzielle Konsequenzen zu vermeiden.

Codes gemäß Anhang B und Produktklassifizierung

Was sind Schedule-B-Codes?

Der Schedule-B-Code ist ein US-spezifisches Codierungssystem, das von der Abteilung für Internationales Handelsmanagement des US-Zensusbüros zur Überwachung von US-Exporten verwaltet wird. Die ersten sechs Ziffern dieser Codes entsprechen denen der HS-Codes, umfassen aber vier zusätzliche Ziffern, sodass sie insgesamt zehn Ziffern enthalten. Diese zusätzlichen Ziffern ermöglichen eine detailliertere Produktklassifizierung.

Obwohl sie eine ähnliche Struktur aufweisen, sind die Codes der Schedule B nicht mit den Codes des Harmonisierten Systems (HTS) identisch, die für Importe verwendet werden. Exporteure sollten daher vorrangig den korrekten Schedule-B-Code für ihre Produkte ermitteln. Dieser Code dient als Grundlage für die elektronische Ausfuhrinformation (EEI), die Sie an AESDirect übermitteln .

Hier erfahren Sie, wann Sie einen Schedule-B-Code über AESDirect melden müssen :

- Wenn der Wert Ihrer Waren gemäß der Nummer in Anlage B 2.500 US-Dollar übersteigt
- Wenn Ihr Produkt eine Ausfuhrgenehmigung benötigt
- Beim Export eines gebrauchten Fahrzeugs

- Bei Exporten nach China, Russland oder Venezuela, unabhängig vom Wert (Stand: 27. September 2020)

Wenn Sie Ihren Spediteur oder einen anderen Dritten mit der Einreichung der Unterlagen in Ihrem Namen beauftragen, sollten Sie den Schedule-B-Code in das Versender-Anweisungsschreiben (SLI) aufnehmen , das Sie diesem aushändigen.

Hier eine Zusammenfassung der Codes aus Anhang B:

- Enthalten 10 Ziffern
- Wird ausschließlich in den Vereinigten Staaten und ausschließlich für den Export verwendet.
- Kann von den für Importe verwendeten HTS-Codes abweichen.

Suchmaschine für Anhang B

Um Exporteure bei der Bereitstellung präziserer Handelsstatistiken und Anmelder bei der Ermittlung ihres korrekten Exportwarencodes (Schedule-B-Nummer) besser zu unterstützen, bietet das Ministerium für internationalen Handel ein Suchtool für Schedule-B-Waren an. Dieses Suchtool ermöglicht eine intelligentere, intuitivere und genauere Klassifizierung von Produkten. Es versteht und interpretiert gängige Handelsproduktinformationen und interagiert intelligent und intuitiv mit den Nutzern, um die Komplexität der Klassifizierung zu reduzieren. Das Suchtool verkürzt die Zeit für die Produktklassifizierung und liefert genauere und konsistentere Ergebnisse, was letztendlich die Qualität der Handelsstatistiken verbessert.

Was ist eine HS-Nummer (HS-Code)?

Das Harmonisierte System zur Klassifizierung von Waren (HS-Codes) ist eine standardisierte numerische Methode zur Klassifizierung von Handelsprodukten. **HS-Nummern** (oder HS-Codes) werden von Zollbehörden weltweit verwendet, um Produkte unter anderem zur Berechnung von Zöllen und Steuern zu identifizieren. HS-Codes sind in der Regel zehnstellig. Die ersten sechs Stellen der HS-Codes werden jedoch von den verschiedenen Regierungen harmonisiert (überlappend). Weitere Stellen werden hinzugefügt, um Produkte in bestimmten Kategorien genauer zu differenzieren. Tipp: Man kann sich einen HS-Code wie eine Art „Exportcode" vorstellen.

Gibt es einen Unterschied zwischen den HS- und Schedule-B-Zahlen ?

Ja. Die HS-Nummer ist ein international anerkannter Code. Der HS-Basiscode besteht aus sechs Ziffern und wird als Unterposition bezeichnet. Der Schedule-B-Code ist ein zehnstelliger Code, der auf den ersten sechs Ziffern des HS-Codes basiert. Darüber hinaus handelt es sich beim Schedule-B-Code um ein US-spezifisches Codierungssystem zur Überwachung von US-Exporten (z. B. zur Einhaltung von

Die HTS-Codes , auch **HTS-** Nummern genannt, werden von der US-amerikanischen Internationalen Handelskommission (ITC) verwaltet. Sie dienen der Klassifizierung von in die USA importierten Produkten. Tipp: Stellen Sie sich den HTS-Code als US-amerikanischen „Importcode" vor.

Exportbestimmungen und zur Erfassung von Handelsdaten).

Exporteure müssen ihre Produktklassifizierung, d. h. die Nummern gemäß Schedule B und HS, aus vielen Gründen kennen, unter anderem:

- Klassifizierung physischer Güter für den Versand in ein anderes Land;
- Ermittlung der Einfuhrzollsätze und Feststellung, ob ein Produkt im Rahmen eines Freihandelsabkommens (HS-Nummer) für einen Präferenzzoll in Frage kommt;
- Einreichung der elektronischen Ausfuhrinformationen (EEI);
- Ausfüllen von Versanddokumenten, wie z. B. Versenderanweisung, Handelsrechnung oder Ursprungszeugnis. (HS-Nummer);
- Durchführung von Marktforschung einschließlich der Analyse von Handelsstatistiken.

Was ist AESDirect und wie füllt man das EEI aus?

Einführung in das automatisierte Exportsystem (AES)

Vor der Einführung von AES war das Exportsystem papierbasiert, teuer, arbeitsintensiv und fehleranfällig. AES nutzt bewährte Technologie auf innovative Weise, um ein zentrales Problem des Exportprozesses zu lösen. Es wird zu einer grundlegenden Neugestaltung der US-Exporte beitragen. Das automatisierte Exportsystem (AES) ist ein Gemeinschaftsprojekt von CBP, der Abteilung für Außenhandel des Census Bureau (Handelsministerium), dem

Bureau of Industry and Security (Handelsministerium), der Direktion für Verteidigungshandelskontrolle (Außenministerium), weiteren Bundesbehörden und Akteuren der Exportwirtschaft.

Es handelt sich um die zentrale Stelle, über die Exportversanddaten, die von verschiedenen Behörden benötigt werden, elektronisch an die US-Zoll- und Grenzschutzbehörde (CBP) übermittelt werden. Dabei werden die Vorteile des elektronischen Datenaustauschs (EDI) genutzt. AES bietet eine Alternative zur papierbasierten Einreichung von elektronischen Exportinformationen (EEI). Exportinformationen werden elektronisch erfasst und sofort bearbeitet; Fehler werden direkt bei der Übermittlung erkannt und korrigiert. AES ist ein landesweites System, das in allen Häfen und für alle Transportarten funktioniert. Es wurde entwickelt, um die Einhaltung und Durchsetzung von Exportgesetzen zu gewährleisten, die Handelsstatistik zu verbessern, Doppelmeldungen an verschiedene Behörden zu reduzieren und den Kundenservice zu optimieren.

ACE AESDirect

Die automatisierte Handelsumgebung (ACE) AESDirect ist das primäre Tool zur Übermittlung Ihrer elektronischen Ausfuhrinformationen (EEI) an das automatisierte Ausfuhrsystem (AES). Nach der Übermittlung Ihrer EEI verarbeitet das AES die Informationen und antwortet im Falle der Annahme mit einer internen Transaktionsnummer (ITN).

Elektronische Exportinformationen (EEI)

Diese elektronische Meldung wird als elektronische Ausfuhrinformation (EEI) bezeichnet und ist erforderlich, wenn der Wert der unter einer einzelnen Schedule-B-Nummer klassifizierten Ware 2.500 US-Dollar übersteigt oder eine Meldepflicht besteht, z. B. für den Erhalt einer Ausfuhrgenehmigung. Die EEI wird an das automatisierte Ausfuhrsystem (AESDirect) übermittelt, das auf der Plattform des automatisierten Handelsumfelds (ACE) gehostet wird. Der Exporteur ist für die Erstellung der EEI verantwortlich, und der Spediteur übermittelt sie über AES oder AESDirect an die US-Zoll- und Grenzschutzbehörde.

EEI-Einreichungsanforderungen

Die Abgabe der EEI ist unabhängig von Wert und Bestimmungsort für die folgenden Sendungen erforderlich:

- Der Wert der Sendung übersteigt 2.500 US-Dollar pro Sendungsnummer gemäß Schedule B und sie wird von einem Exporteur an einen Käufer an einem Kalendertag mit einem einzigen Transporteur versandt; (Gemäß FTR Abschnitt 30.1(c) ist der Wert definiert als der Verkaufspreis in US-Dollar zuzüglich Inlands- und innerstaatlicher Fracht, Versicherung und sonstiger Gebühren bis zum US-Seehafen, Flughafen oder Landgrenzübergang des Exports);
- eine Ausfuhrgenehmigung erforderlich, unabhängig von Wert oder Bestimmungsort;
- Sie unterliegen den ITAR-Bestimmungen, auch wenn sie von den Ausfuhrgenehmigungspflichten befreit sind, unabhängig von Wert oder Bestimmungsort;

- unter die „600er-Serie“ der Exportkontrollklassifizierungsnummer (ECCN) für in den Absätzen „a bis x“ aufgeführte Güter fallen;
- Lizenz erforderlich Ausnahme – Strategische Handelsgenehmigung (STA);
- für Kuba, Iran, Nordkorea, Sudan oder Syrien bestimmt (unabhängig vom Wert);
- Rohdiamanten, unabhängig von Wert (HTS 7102.10, 7102.21 und 7102.31) und Bestimmungsort;
- verwendete selbstfahrende Fahrzeuge;

Tipps

Wenn der Exporteur Gepäck oder Container mit persönlichen Gegenständen oder Haushaltswaren im Wert von über 2.500 US-Dollar an einen anderen Bestimmungsort als Kanada versendet, muss er die EEI einreichen und die ITN dem Frachtführer fristgerecht mitteilen.

Versendet der Exporteur Waren über den US-Postdienst, muss er die EEI-Meldung abgeben, wenn der Wert der unter jeder einzelnen Schedule-B-Nummer klassifizierten Ware 2.500 US-Dollar übersteigt oder wenn für den Export eine obligatorische EEI-Meldepflicht besteht (siehe oben). Gegebenenfalls sollte der Exporteur die ITN- oder EEI-Befreiungsmitteilung der Post vorlegen.

EEI-Einreichungsbefreiungen

- Wenn der Wert der unter jeder einzelnen Nummer des Anhangs B klassifizierten Ware 2.500 US-Dollar oder weniger beträgt und eine obligatorische EEI-Meldung nicht erforderlich ist.

- Für Sendungen von den USA nach Kanada in beliebiger Höhe ist keine obligatorische EEI-Meldung erforderlich.
- Sendungen in US-Besitzungen, mit Ausnahme der Gebiete, in denen eine EEI-Meldung erforderlich ist, d. h. zwischen den USA und Puerto Rico sowie von den USA auf die Amerikanischen Jungferninseln).

Tipps

Wenn Ihre Sendung von den EEI-Meldepflichten befreit ist, müssen Sie das Handelsdokument (z. B. Luftfrachtbrief, Konnossement oder Rechnung) mit dem entsprechenden Befreiungsvermerk versehen. Tragen Sie „NOEEI“ gefolgt vom Verweis auf die Außenhandelsverordnung ein, z. B. „NOEEI 30.37(a)“ für Sendungen, deren Wert pro Warennummer in Anhang B 2.500 $ oder weniger beträgt; „NOEEI; 30.36“ für Sendungen nach Kanada usw.

Wer kann die EEI-Einreichung vornehmen?

Die Meldung von Exporttransaktionen (EEI) obliegt entweder dem USPPI (US-amerikanischen Exportverantwortlichen) oder dessen US-amerikanischen Bevollmächtigten. Alle an das AES (Area Exchange System) übermittelten EEI müssen vollständig, korrekt und auf eigener Kenntnis der angegebenen Fakten oder auf Informationen der an der Exporttransaktion beteiligten Parteien beruhen. Der Meldepflichtige muss sich zum Zeitpunkt der Meldung physisch in den Vereinigten Staaten aufhalten, über eine EIN (Employer Identification Number) oder DUNS (Due Identification Number) verfügen und für die Meldung an das AES zertifiziert sein. Falls der

Meldepflichtige keine EIN oder DUNS besitzt, muss er eine EIN beim Internal Revenue Service (IRS) beantragen.

Sie können Ihre EEI für Ihre Exporttransaktion über das sichere ACE-Datenportal auf der Website der US-Zoll- und Grenzschutzbehörde einreichen. Neukunden müssen vor der Einreichung ein Konto erstellen und einen Benutzernamen sowie ein Passwort erhalten.

Um mehr über die EEI-Einreichung im AES zu erfahren, beachten Sie bitte folgende Ressourcen:

Sie können Ihre EEI für Ihre Exporttransaktion über das sichere ACE-Datenportal auf der Website der US-Zoll- und Grenzschutzbehörde einreichen. Neukunden müssen vor der Einreichung ein Konto erstellen und einen Benutzernamen sowie ein Passwort erhalten.

Elektronische Ausfuhranmeldung (EEI) zur Erlangung einer internen Transaktionsnummer (ITN)

Benötigen Sie eine ITN, wissen aber nicht, wie Sie vorgehen sollen? Sie können die elektronischen Ausfuhrinformationen (EEI) selbst einreichen, um eine ITN zu erhalten, oder einen Bevollmächtigten damit beauftragen. Wenn Sie die Einreichung selbst über die ACE-Website vornehmen möchten, finden Sie unten vier kurze Schritte zur Erstellung eines Ausfuhrkontos und zum Einstieg in ACE AESDirect :

1) Um sich bei ACE zu registrieren, benötigen Sie zunächst eine Arbeitgeberidentifikationsnummer (EIN), falls Sie noch keine besitzen. Für die Beantragung der EIN benötigen Sie eine US-Sozialversicherungsnummer und eine US-amerikanische Adresse. Im Rahmen des

Registrierungsprozesses werden Sie nach dem Namen und der Adresse Ihres Unternehmens gefragt. Wenn Sie eine Privatperson sind (d. h. nicht für ein Unternehmen tätig), verwenden Sie einfach Ihren Namen und Ihre Privatadresse. Diese muss sich in den Vereinigten Staaten befinden.

2) Sobald Sie die EIN erhalten haben, füllen Sie das ACE-Exporteur-Registrierungsformular aus und senden Sie es ab. Sie erhalten anschließend eine Bestätigungs-E-Mail mit einem Benutzernamen (Konto-ID) und einem temporären Passwort.

3) Nachdem Sie Ihren Benutzernamen und Ihr temporäres Passwort erhalten haben, rufen Sie die ACE-Website auf und klicken Sie auf „Trade/PGA-Benutzeranmeldung". Klicken Sie anschließend auf „Konto erstellen". Sie werden aufgefordert, Ihren Vor- und Nachnamen, Ihre E-Mail-Adresse und Ihr Passwort (ein neues, von Ihnen erstelltes Passwort) einzugeben. Sobald Sie auf „Registrieren" klicken, werden Sie von der ACE-Website aufgefordert, den Benutzernamen und das temporäre Passwort aus der zuvor erhaltenen E-Mail einzugeben. Dadurch wird Ihr modernisiertes ACE-Konto mit Ihrem alten ACE-Konto verknüpft.

4) Nach der Anmeldung auf der ACE-Website wählen Sie im Dropdown-Menü „Konten" die Option „Exporteur". Klicken Sie anschließend auf den entsprechenden Link in der Spalte „Kontoname", um das gewünschte Exporteur-Konto auszuwählen. Klicken Sie rechts auf „AES-Anmeldung einreichen", um AESDirect zu starten . Bitte stellen Sie sicher, dass der Pop-up-Blocker Ihres Browsers vollständig deaktiviert ist.

Wenn Sie zum ersten Mal auf das ACE AESDirect -Portal zugreifen, müssen Sie den Zertifizierungserklärungen zustimmen, um fortzufahren. Klicken Sie im Portal auf „Exportantrag erstellen" und füllen Sie das EEI aus, um eine ITN zu erhalten.

Wichtige Exportdokumente

Proforma-Rechnung

Eine Pro-forma-Rechnung ist ein wichtiges Dokument, das Verkäufer und Käufer vor einer Exportlieferung als Verhandlungsinstrument nutzen. Der Verkäufer verwendet dieses Dokument, um zu Beginn einer Exporttransaktion ein Angebot abzugeben; es wird schließlich zur endgültigen Handelsrechnung. Wird verwendet, wenn Waren im Einfuhrland verzollt werden. Das Dokument enthält eine Beschreibung der Waren (z. B. Menge, Preis, Gewicht, Art und weitere Spezifikationen). und ist eine Erklärung des Verkäufers, dem Käufer die Produkte und Dienstleistungen bereitzustellen. zum angegebenen Datum und Preis.

Handelsrechnung

Die Handelsrechnung ist ein Rechtsdokument zwischen dem/der Vertragspartner/in. Exporteur und Käufer (in diesem Fall der ausländische Käufer), der die verkauften Waren klar angibt und den Betrag, den der Kunde Die Zahlung erfolgt. Die Handelsrechnung ist eines der wichtigsten Dokumente, die vom Zoll zur Ermittlung der Zollgebühren verwendet werden. Eine Handelsrechnung ist eine Rechnung des Verkäufers an den Käufer für die Waren. Dokumente werden häufig von Regierungen verwendet, um den tatsächlichen Wert von Waren bei der Berechnung von Zöllen zu ermitteln. Regierungen, die die Handelsrechnung zur Kontrolle von Importen nutzen, legen oft deren Form, Inhalt, Anzahl der Kopien, die zu verwendende Sprache und weitere Merkmale fest.

Packliste

Eine Export-Packliste ist wesentlich detaillierter und informativer als eine Standard-Packliste für den Inlandsversand. Sie enthält Angaben zu Verkäufer, Käufer, Versender, Rechnungsnummer, Versanddatum, Transportmittel und Spediteur sowie detaillierte Angaben zu Menge, Beschreibung, Verpackungsart (z. B. Karton, Kiste, Fass oder Faltschachtel), Anzahl der Packstücke, Netto- und Bruttogewicht (in Kilogramm) und gegebenenfalls Verpackungskennzeichnungen und -abmessungen. Packlistenformulare sind sowohl im Schreibwarenhandel als auch bei Spediteuren erhältlich. Eine Packliste kann als Konformitätsnachweis dienen, ersetzt jedoch keine Handelsrechnung. Darüber hinaus können US-amerikanische und ausländische Zollbeamte die Packliste zur Warenkontrolle verwenden. also die Handelsrechnung sollte die auf dem angezeigten Informationen widerspiegeln Packliste.

Konnossement/Luftfrachtbrief

Ein Konnossement ist ein Vertrag zwischen dem Eigentümer der Güter und dem Frachtführer (wie bei

Inlandstransporten). Bei Seetransporten gibt es zwei gemeinsam Arten: ein gerader Frachtbrief, der nicht verhandelbar ist, und ein verhandelbarer, oder ein vom Versender ausgestellter Frachtbrief. Letzterer kann sein Wird verwendet, um Waren während des Transports zu kaufen, zu verkaufen oder zu tauschen. Der Kunde benötigt in der Regel ein Original. Konnossement als Eigentumsnachweis zur Übernahme der Ware vom Seefrachtführer.

Für Luftfrachtsendungen werden Luftfrachtbriefe benötigt. Ein Atemweg Die Rechnung begleitet Waren, die von einer internationalen Fluggesellschaft versandt werden. Das Dokument liefert detaillierte Informationen über die Sendung und ermöglicht Es soll nachverfolgt werden. Luftfrachtbriefe sind versenderspezifisch und nicht übertragbar (im Gegensatz zu den für Schiffstransporte verwendeten Orderkonnossementen).

Ursprungszeugnisse (COO)

In einigen Ländern erforderlich. Eine unterzeichnete Erklärung über den Ursprung der Exportware. Ursprungszeugnisse werden üblicherweise von einer halbstaatlichen Organisation, wie beispielsweise einer örtlichen Handelskammer, validiert. Ein Ursprungszeugnis kann auch dann erforderlich sein, wenn die Handelsrechnung dieselben Informationen enthält oder um den Anforderungen des ausländischen Zolls (z. B. des Einfuhrlandes) zu entsprechen, für Akkreditive oder einfach auf Wunsch des Käufers. Es gibt zwei Arten von Ursprungszeugnissen: Das eine ist das „generische" oder „nicht-präferentielle" Ursprungszeugnis.

Dies bedeutet, dass das im Dokument angegebene Ursprungsland der Waren diese nicht für eine Präferenzbehandlung im Empfängerland qualifiziert. Das zweite Ursprungszeugnis kann erforderlich sein, um einen Präferenzzollsatz im Rahmen eines Freihandelsabkommens (FHA) zu erhalten.

Elektronische Exportinformationen (EEI)

Diese elektronische Meldung wird als elektronische Ausfuhrinformation (EEI) bezeichnet und ist erforderlich, wenn der Wert der unter einer einzelnen Nummer des Schedule B klassifizierten Ware 2.500 US-Dollar übersteigt oder eine Meldepflicht besteht, z. B. für den Erhalt einer Ausfuhrgenehmigung. Die EEI wird an das automatisierte Ausfuhrsystem (AESDirect) übermittelt, das auf der Plattform ACE (Automated Commercial Environment) gehostet wird.

Anweisungsschreiben des Versenders (SLI)

Das Versenderschreiben (SLI) ist ein formelles Dokument, das die Anweisungen des Exporteurs enthält, um Missverständnisse zwischen Exporteur und Spediteur, der den Warentransport in ausländische Märkte übernimmt, zu vermeiden. Das SLI ist in den USA ein obligatorisches Exportdokument und wird üblicherweise vom Exporteur erstellt und anschließend dem Spediteur übergeben.

Der Spediteur nutzt die Informationen im SLI für verschiedene Zwecke, die über den Abgangs- und Ankunftsort der Waren hinausgehen – sie geben ihm Aufschluss über Gewicht und Abmessungen der Ladung, um sicherzustellen, dass diese korrekt verpackt wird und dadurch Schäden minimiert werden; sie enthalten Informationen, die für eine Ausfuhranmeldung im automatisierten Ausfuhrsystem (AES) erforderlich sind; und sie ermöglichen ihm die Erstellung des Konnossements.

Versicherungsbescheinigung

Versicherungszertifikate dienen der Zusicherung an den Empfänger, dass der Verlust oder die Beschädigung der Fracht während des Transports versichert ist. Sie erhalten diese von Ihrem Spediteur oder Verlag. Hinweis: Ein Luftfrachtbrief kann als Versicherungszertifikat für Luftfrachtsendungen dienen. In einigen Ländern ist jedoch eine Zertifizierung oder Meldung erforderlich.

Versand und Logistik

Die richtige Versandart auswählen

Die Wahl der optimalen Versandmethode ist entscheidend für einen effizienten und kostengünstigen internationalen Versand. Hier ist eine Übersicht der wichtigsten Optionen:

1. Seefracht

Ideal für große Sendungen, Waren mit geringem Wert und nicht dringende Lieferungen.

Vorteile: Kostengünstig bei großen Mengen, geeignet für schwere und sperrige Gegenstände.

Nachteile: Längere Transportzeiten als bei Luftfracht, mögliche Verzögerungen aufgrund von Hafenstaus.

2. Luftfracht

Am besten geeignet für hochwertige, zeitkritische oder verderbliche Waren.

Vorteile: Schnellere Lieferzeiten, geeignet für dringende Sendungen.

Nachteile: Teurer als Seefracht, begrenzte Frachtkapazität.

3. Kurierdienste

Ideal für kleine Pakete, Dokumente und Eilsendungen.

Vorteile: Lieferung bis an die Haustür, Sendungsverfolgung und zusätzliche Dienstleistungen wie Zollabfertigung.

Nachteile: Für größere Sendungen teurer als See- oder Luftfracht.

Faktoren, die bei der Wahl der Versandart zu berücksichtigen sind:

Produktwert: Hochwertige Artikel können von einem schnelleren und sichereren Luftfrachtverkehr profitieren.

Lieferzeit: Dringende Sendungen erfordern gegebenenfalls Luftfracht, während weniger zeitkritische Güter auf dem Seeweg versendet werden können.

Sendungsgröße und -gewicht: Die Größe und das Gewicht Ihrer Sendung beeinflussen die kostengünstigste Versandmethode.

Produktempfindlichkeit: Verderbliche oder zerbrechliche Waren erfordern möglicherweise eine spezielle Handhabung und einen temperaturkontrollierten Transport.

Budget: Berücksichtigen Sie die Kosten der einzelnen Versandarten und wägen Sie diese gegen Lieferzeit und Versicherungsbedarf ab.

Weitere Tipps:

Wählen Sie einen zuverlässigen Versandpartner: Wählen Sie ein seriöses Versandunternehmen mit Erfahrung im internationalen Versand.

Sachgerechte Verpackung: Stellen Sie sicher, dass Ihre Waren sicher verpackt sind, damit sie den Belastungen des Transports standhalten.

Präzise und genaue Dokumentation: Bereiten Sie alle notwendigen Zolldokumente vor, um Verzögerungen und Strafen zu vermeiden.

Versicherung: Erwägen Sie den Abschluss einer ausreichenden Versicherung, um Ihre Sendung gegen Verlust oder Beschädigung abzusichern.

Sendungsverfolgung: Nutzen Sie Sendungsverfolgungsdienste, um den Fortschritt Ihrer Sendung zu überwachen.

Durch die sorgfältige Berücksichtigung dieser Faktoren und die Auswahl der geeigneten Versandart können Sie sicherstellen, dass Ihre Waren sicher, effizient und kostengünstig ihr Ziel erreichen.

Incoterms (Internationale Handelsklauseln)

Was sind Incoterms?

Die Incoterms sind eine Sammlung von Regeln, die für den Abschluss von Transportverträgen und Handelsabkommen zwischen Parteien weltweit verwendet werden. Sie legen die Verantwortlichkeiten jeder Partei in jeder Phase des Transportprozesses klar fest. Zu diesen Verantwortlichkeiten gehören unter anderem Kosten, Risiken und die Transportabwicklung.

Incoterms-Klassen

Die Incoterms werden alle zehn Jahre von der ICC aktualisiert; die aktuelle Fassung heißt daher Incoterms® 2020. Innerhalb der Incoterms gibt es verschiedene Regelkategorien, die sich nach den Transportarten richten. Diese Kategorien werden häufig durch ihre Akronyme gekennzeichnet.

Luft, See und LKW

- **EXW (Ab Werk):** Der Käufer trägt die gesamten Transportkosten ab dem Standort des Verkäufers. Dies ist oft das günstigste Angebot, da die Versandkosten nicht enthalten sind.

- **FCA (Free Carrier):** Der Verkäufer übergibt die Ware an einen vom Käufer benannten Spediteur oder eine andere von ihm benannte Partei in seinen Geschäftsräumen oder an einem anderen vereinbarten Ort. Mit der Übergabe der Ware gehen Risiko und Verantwortung vom Verkäufer auf den Käufer über.
- **CPT (Frachtfrei bis):** Der Verkäufer bezahlt den Transport der Ware bis zu einem benannten Bestimmungsort, das Risiko geht jedoch auf den Käufer über, sobald die Ware dem ersten Frachtführer übergeben wird.
- **CIP (Fracht & Versicherung bezahlt):** Ähnlich wie CPT, jedoch mit einer zusätzlichen Anforderung. Der Verkäufer muss eine Transportversicherung für die Waren abschließen.
- **DAP (Delivered at Place):** Der Verkäufer übernimmt die Verantwortung für die Lieferung der Ware an den Bestimmungsort des Käufers, ausgenommen Zollabfertigung.
- **DPU (Delivered at Place Unloaded): Der Verkäufer ist** für die Lieferung der Ware an einen benannten Bestimmungsort und deren Entladung dort verantwortlich und trägt bis zu diesem Zeitpunkt alle Kosten und Risiken.
- **DDP (Delivered Duty Paid):** Der Verkäufer liefert die Ware an den Käufer am vereinbarten

Bestimmungsort und übernimmt alle Kosten, einschließlich Zölle und Steuern. Dies macht es zu einer äußerst käuferfreundlichen Option.

Nur für Meer/Wasserstraße

- **CFR (Cost & Freight):** Der Verkäufer organisiert und bezahlt den Transport der Ware zum Bestimmungshafen, das Risiko geht jedoch auf den Käufer über, sobald die Ware auf das Schiff verladen ist.
- **CIF (Kosten, Versicherung, Fracht):** Der Verkäufer übernimmt Kosten, Versicherung und Fracht bis zum Hafen des Käufers. Dies ist ein Komplettpreis für die Lieferung bis zum Hafen und daher attraktiv für Käufer, die einen minimalen Logistikaufwand wünschen.
- **FAS (Free Alongside Ship):** Der Verkäufer liefert die Ware längsseits des Schiffes im benannten Verschiffungshafen. Ab diesem Zeitpunkt trägt der Käufer alle Risiken und Kosten, einschließlich Verladung, Seefracht, Versicherung und Zollabfertigung.
- **FOB (Free On Board):** Der Verkäufer trägt die Kosten bis zur Verladung der Ware auf das Schiff. Der Käufer ist für Seefracht, Versicherung und Zielortgebühren verantwortlich.

Incoterms-Überlegungen

- Wenn die von Ihnen exportierten Waren in ihrem Bestimmungsland eintreffen, verlangt das Einfuhrland die Zahlung aller anfallenden Zölle (Einfuhrsteuern des Bestimmungslandes) und lokalen Steuern, einschließlich der Mehrwertsteuer. Viele Unternehmen verlangen, dass der Käufer diese Zölle und Steuern übernimmt.

- Käufer möchten in der Regel den Endpreis inklusive Versandkosten und Steuern (die sogenannten „Gesamtkosten") erfahren, bevor sie den Kauf abschließen. Da Zölle und Steuern weltweit stark variieren, ist es jedoch oft schwierig, diese vor dem Versand zu ermitteln. Legen Sie Ihre Zollrichtlinien klar und deutlich fest – insbesondere, wer die Gebühren trägt und wann diese fällig sind.
- Die von Ihnen gewählten Versandunternehmen fungieren oft als Spediteure und unterstützen Sie beim Ausfüllen der Versanddokumente, bei der Schätzung von Zöllen und Steuern, bezahlen diese im Voraus und stellen Ihnen anschließend die Rechnung. Bei leichteren Sendungen mit der US-Post übernimmt deren lokaler Partner im Land des Käufers die Erhebung von Zöllen und Steuern.

Spediteure und Zollagenten

Spediteure:

Internationale Spediteure sind Agenten für Exporteure und können Güter vom Hafen bis zur Haustür transportieren und bieten dabei mehrere wichtige Dienstleistungen an:

- Organisation und Nachverfolgung von Frachtsendungen aus nationaler und internationaler Sicht;
- Organisation und Überwachung des Inlandtransports;
- Vorbereitung von Versand- und Exportdokumenten;
- Lagerung;
- Frachtbuchung Raum;
- Verhandeln Fracht Gebühren;
- Frachtkonsolidierung;
- Frachtversicherung

Die meisten Spediteure sind gleichzeitig auch Non-Vessel Operating Common Carriers (NVOCCs). Sowohl Spediteure als auch NVOCCs werden von der Federal Maritime Commission lizenziert und reguliert.

Zollagenten:

Zollagenten unterstützen Importeure bei der Einhaltung der bundesstaatlichen Anforderungen für Einfuhren in die Vereinigten Staaten. Zollagenten sind Privatpersonen, Personengesellschaften, Vereine oder Unternehmen, die von der US-amerikanischen Zoll- und Grenzschutzbehörde (CBP) lizenziert, reguliert und befugt sind, Zollagenten zu beauftragen, überwachen Transaktionen im Zusammenhang mit der Zollanmeldung und -zulassung von Waren, der Produktklassifizierung, der Zollwertbestimmung, der Zahlung von Zöllen, Steuern oder sonstigen Gebühren wie Rückerstattungen, Rabatten und Zollerstattungen. In den Vereinigten Staaten gibt es etwa 11.000 aktive, lizenzierte Zollagenten.

Verpackung und Etikettierung

Verpackung

Ihr Unternehmen sollte sich der Anforderungen an verpackte Waren im internationalen Versand bewusst sein. Bei der Konstruktion einer Exportverpackung sollten Sie vier potenzielle Probleme berücksichtigen: Bruch, Feuchtigkeit, Diebstahl und Übergewicht.

Käufer kennen oft die Hafensysteme im Ausland und geben daher mitunter Verpackungsvorgaben. Falls der Käufer keine solchen Vorgaben macht, stellen Sie sicher, dass die Waren gemäß diesen Richtlinien verpackt werden:

- Wenn möglich, in stabilen, ausreichend verschlossenen und gefüllten Behältern verpacken.
- Achten Sie darauf, dass das Gewicht gleichmäßig verteilt ist, um eine ausreichende Stabilität des Behälters zu gewährleisten, unabhängig von dessen Größe.
- Die Waren auf Paletten stellen und, wenn möglich, in Container verladen.
- Verpackungen und Füllmaterial sollten aus feuchtigkeitsbeständigem Material hergestellt werden.
- Um Diebstahl zu vermeiden, sollten Sie keine Inhaltsangaben oder Markennamen auf die Verpackungen schreiben.
- Verwenden Sie Gurte, Siegel und Schrumpffolie, um die Waren zu sichern.
- Beachten Sie die produktspezifischen Verpackungsvorschriften für Gefahrstoffe.

- Prüfen Sie, ob die Dokumentation und Kennzeichnung der Holzverpackungen für Begasung und chemische Behandlung eingehalten werden.

Eine gängige Transportmethode ist die Nutzung von Containern, die von Speditionen oder privaten Leasingfirmen gemietet werden. Diese Container unterscheiden sich in Größe, Material und Bauart. Sie eignen sich für die meisten Güter, sind aber am besten für Standardverpackungen geeignet. Kühl- und Flüssiggutcontainer sind in der Regel ebenfalls verfügbar. Manche Container sind nichts anderes als Sattelauflieger, die im Exporthafen abmontiert, auf ein Schiff verladen und im Importhafen wieder auf andere Räder umgeladen werden.

Beschriftung

Exportversandkartons und -container weisen spezifische Kennzeichnungen und Etiketten auf, die Folgendes beinhalten:

- Einhaltung der Versandvorschriften
- Für ordnungsgemäße Handhabung sorgen
- Die Identität des Inhalts verschleiern
- Helfen Sie den Empfängern, die Sendungen zu identifizieren
- Sicherstellung der Einhaltung von Umwelt- und Sicherheitsstandards

Der ausländische Käufer gibt üblicherweise an, welche Exportkennzeichnungen auf der Ware angebracht werden sollen, um die Identifizierung durch die Empfänger zu erleichtern. Produkte können für den Versand mehrere

Kennzeichnungen erfordern. Beispielsweise müssen Exporteure die folgenden Kennzeichnungen auf den zu versendenden Kartons anbringen:

- Versendermarke
- Herkunftsland (in Ihrem Fall „USA")
- Gewichtsangabe (in Pfund und Kilogramm)
- Anzahl der Pakete und Größe der Kartons (in Zoll und Zentimetern)
- Handhabungskennzeichnungen (d. h. internationale Bildsymbole)
- Warnhinweise wie „Diese Seite nach oben" oder „Keine Haken verwenden" (in Englisch und in der Sprache des Ziellandes)
- Einreisehafen
- Kennzeichnung von Gefahrgut (d. h. universelle Symbole, die von der International Air Transport Association und der International Maritime Organization übernommen wurden)
- Zutaten (falls zutreffend, auch in der Sprache des Ziellandes angegeben)

Verbraucher interessieren sich sowohl für das Produkt selbst als auch für dessen Zusatzmerkmale wie Verpackung, Garantieleistungen und Service. Markenbildung und Etikettierung von Produkten auf ausländischen Märkten bringen neue Herausforderungen für Ihr Unternehmen mit sich, wie zum Beispiel:

- Sind internationale Markennamen wichtig, um ein Produkt zu bewerben und von anderen abzugrenzen?

Sollten umgekehrt lokale Marken oder Eigenmarken verwendet werden, um das lokale Interesse zu steigern?

- Sind die auf Etiketten und Verpackungen verwendeten Farben für den ausländischen Käufer anstößig oder ansprechend? In einigen Ländern werden beispielsweise bestimmte Farben mit dem Tod assoziiert.
- Können Etiketten und Anleitungen in Amtssprachen oder gebräuchlichen Sprachen erstellt werden, wenn dies gesetzlich oder gängig vorgeschrieben ist?
- Müssen Angaben zum Produktinhalt und zum Herkunftsland gemacht werden?
- Werden Gewichte und Maße in der jeweiligen Landeseinheit angegeben? Selbst bei Konsumgütern kann die Verpackung und die Inhaltsangabe in metrischen Maßeinheiten (z. B. Kilogramm, Liter) wichtig sein.
- Muss jeder Artikel einzeln etikettiert werden? In welcher Sprache soll die Etikettierung erfolgen? Beispielsweise ist die Angabe „Hergestellt in den USA“ möglicherweise nicht ausreichend; das Produkt muss unter Umständen in der Sprache der Verbraucher des jeweiligen Landes etikettiert werden. Für Lebensmittel, Arzneimittel und andere Produkte können besondere Etikettierungsvorschriften gelten.
- Werden lokale Vorlieben und Kenntnisse berücksichtigt? Eine Müslischachtel mit dem Bild eines US-amerikanischen Athleten ist für ausländische

Konsumenten möglicherweise nicht so attraktiv wie das Bild eines lokalen Sporthelden.

Ihr US-Markenname ist Ihnen wichtig, aber für ausländische Verbraucher möglicherweise weniger. Andererseits kann er in manchen Regionen wertvoller sein als in den USA.

Eine sichtbare Unterstützung durch eine berühmte Person mag im Inland die Verkaufszahlen ankurbeln, aber dieselbe Person ist anderswo möglicherweise unbekannt – oder, schlimmer noch, unbeliebt.

Frachtversicherung

Unwetter, unsachgemäße Behandlung durch Transportunternehmen und andere häufige Gefahren für Frachtgüter machen die Transportversicherung zu einem wichtigen Schutz für US-Exporteure. Ihr Versender oder Spediteur schließt einen Versicherungsvertrag mit einer Versicherungsgesellschaft ab, um die von Ihnen exportierten Waren abzusichern.

Wenn die Verkaufsbedingungen Sie für die Versicherung verantwortlich machen, sollte Ihr Unternehmen entweder eine eigene Police abschließen oder die Fracht gegen Gebühr über eine Spedition versichern. Wenn die Verkaufsbedingungen den ausländischen Käufer verantwortlich machen, sollten Sie nicht davon ausgehen (oder sich gar auf dessen Aussage verlassen), dass eine ausreichende Versicherung abgeschlossen wurde. Versäumt der Käufer es, einen ausreichenden Versicherungsschutz zu gewährleisten, kann die Beschädigung der Fracht Ihrem Unternehmen einen erheblichen finanziellen

Verlust verursachen. Seetransporte sind durch die Seefrachtversicherung abgedeckt. Luftfrachtsendungen können ebenfalls durch die Seefrachtversicherung abgedeckt sein; alternativ kann eine Versicherung beim Luftfrachtunternehmen abgeschlossen werden.

Exportlieferungen sind üblicherweise gegen Verlust, Beschädigung und Verzögerung während des Transports versichert. Internationale Abkommen begrenzen häufig die Haftung des Transportunternehmens. Der Versicherungsschutz unterscheidet sich zudem wesentlich vom nationalen Versicherungsschutz. Die Versicherung kann je nach Verkaufsbedingungen vom Käufer oder Verkäufer abgeschlossen werden. Exporteuren wird empfohlen, sich für weitere Informationen an internationale Versicherer oder Spediteure zu wenden. Obwohl Verkäufer und Käufer unterschiedliche Bestandteile vereinbaren können, beträgt die Deckungssumme üblicherweise 110 Prozent des CIF- (Cost, Insurance, Freight) oder CIP-Werts (Carrier and Insurance Paid To).

Eine zweite Art von Versicherung ist jedoch ebenfalls empfehlenswert: Der Verkauf muss gegen Zahlungsausfall versichert werden. Der Kreditgeber des Käufers und andere in den Verkaufsbedingungen genannte Finanzinstitute verlangen zunehmend eine Kreditversicherung, die das Risiko eines Zahlungsausfalls abdeckt. Zu den möglichen Risiken zählen Zahlungsausfall des Käufers oder des Kreditgebers, politische Ereignisse oder Währungskrisen, die Ihre Zahlung gefährden.

Finanzielle Aspekte und Zahlung

Wichtigste Kostenfaktoren für den Start eines Exportgeschäfts

Die Gründung eines Exportunternehmens aus den USA, selbst mit geringem Kapitaleinsatz, ist mit verschiedenen Kostenfaktoren verbunden. Diese können je nach Geschäftsmodell (z. B. Dropshipping vs. Lagerhaltung), Produktart, Zielmarkt und der Bereitschaft, staatliche Förderprogramme und Eigeninitiative zu nutzen, erheblich variieren.

Hier ist eine detaillierte Aufschlüsselung der wichtigsten Kostenkomponenten:

Unternehmensgründung und rechtliche Formalitäten

- **Gewerbeanmeldung (GmbH/Einzelunternehmer/Kapitalgesellschaft)** :

    Gebühren für die Unternehmensgründung: Diese variieren stark je nach Bundesstaat. Für eine inländische LLC (gegründet in dem Bundesstaat, in dem Sie tätig sind) können die Gebühren zwischen 50 und über 500 US-Dollar liegen. In Kalifornien betragen sie beispielsweise etwa 70 US-Dollar, während sie in Massachusetts bis zu 500 US-Dollar betragen können. Einige Bundesstaaten erheben außerdem Gebühren für Jahresberichte oder Franchisesteuern (z. B. 800 US-Dollar jährliche Franchisesteuer in Kalifornien, während andere Bundesstaaten keine solchen Gebühren erheben).

Service eines eingetragenen Vertreters (optional, aber üblich): Wenn Sie Ihre Privatadresse nicht verwenden möchten oder einen professionellen Service benötigen, um ein Rechtsdokument zu erhalten, kostet ein Service eines eingetragenen Vertreters jährlich 50 bis 300 US-Dollar.

Registrierung des Firmennamens (falls zutreffend): Wenn Sie als Einzelunternehmer unter einem Firmennamen firmieren, der von Ihrem rechtlichen Namen abweicht, beträgt diese Gebühr in der Regel 10 bis 150 US-Dollar.

- **Arbeitgeberidentifikationsnummer (EIN):** Sie ist kostenlos und wird für Steuererklärungen und Bankgeschäfte benötigt. Beantragen Sie sie online über IRS.gov.
- **Geschäftskonto:** Die Eröffnung ist in der Regel kostenlos, prüfen Sie jedoch die Mindestguthabenanforderungen und monatlichen Gebühren. Wählen Sie eine Bank, die internationale Überweisungen unterstützt.
- **Lokale/staatliche Gewerbelizenzen:** Diese sind stark von Ihrer Stadt, Ihrem Landkreis und der Art

Ihres Unternehmens abhängig. Eine allgemeine Gewerbelizenz kostet in der Regel zwischen 50 und 400 US-Dollar. Produktspezifische Genehmigungen (z. B. für Lebensmittel, Alkohol oder bestimmte regulierte Waren) können deutlich teurer sein und erfordern spezielle Prüfungen oder Zertifizierungen.

- **Rechtsberatung (optional, aber bei komplexen Sachverhalten empfohlen):** Für einfache Projekte ist zwar keine obligatorische Vorabgebühr anfallen, die Beratung durch einen Anwalt zur Vertragsprüfung (insbesondere internationaler Kaufverträge), zum Schutz geistigen Eigentums oder zu komplexen Exportbestimmungen kann jedoch 1000 bis 5000 US-Dollar kosten. Es ist ratsam, für gelegentliche Beratungen je nach Bedarf ein Budget einzuplanen, insbesondere im Hinblick auf das Unternehmenswachstum.

Produkt- und Beschaffungskosten

- **Erstausstattung:** Ca. 500 € – über 3000 €, abhängig von Produkttyp und Mindestbestellmenge. Beginnen Sie mit kleinen, skalierbaren Produkten.
- **Muster für Käufer oder zum Testen:** 50 bis 500 US-Dollar, für Qualitätsprüfungen oder zum Versand an Käufer.
- **Produktverpackung und Etikettierung:** Wenn Sie sich für Markenverpackungen oder spezielle Schutzverpackungen entscheiden, steigen die Kosten. Diese können zwischen 1 und 10 US-Dollar pro Stück

für individuelle Verpackungen liegen, zuzüglich Designkosten. Kartons, Klebeband, Luftpolsterfolie und Etiketten sind vergleichsweise günstig und kosten ab 20 bis 100 US-Dollar für den Erstbestand.

Marketing und Vertrieb

- **Website und E-Commerce-Plattform:** Domainname und Hosting (z. B. Squarespace, Wix , Shopify, GoDaddy) kosten je nach gewähltem Tarif zwischen 50 und 600 US-Dollar pro Jahr. WordPress mit WooCommerce kann mit 5 bis 30 US-Dollar pro Monat deutlich günstiger sein.
- **Gebühren für B2B-Marktplätze** : Viele Plattformen wie Alibaba, ExportHub , Tradekey , Global Sources und IndiaMart bieten eine Basiseintragung im Rahmen eines Abonnements für ca. 500 US-Dollar pro Jahr an. Die Gebühren können sich ändern.
- **Online-Werbung (optional, skalierbar):** Legen Sie Ihr Budget fest und sprechen Sie internationale Käufer über Google Ads und Social Media Ads (Facebook, Instagram, LinkedIn) mit bezahlten Kampagnen ab nur 50 bis 200 US-Dollar pro Monat an.

Logistik und Fracht

- **Speditionsdienstleistungen:** 200 bis 1500 US-Dollar pro Sendung, abhängig von Volumen, Zielort und Transportart (Luft-/Seefracht). Spediteure unterstützen Sie bei Buchung, Zollabwicklung und Einhaltung aller Vorschriften.

- **Zollabfertigungsgebühren (falls in Anspruch genommen):** 100 bis 400 US-Dollar. Diese Gebühren sind optional für kleine Sendungen, die für größere oder komplexere Exporte benötigt werden.
- **Kurier-/Portokosten:** 50 bis 500 US-Dollar für kleine Pakete (USPS, DHL, FedEx)
- **Frachtversicherung (optional):** 50 bis 200 US-Dollar pro Sendung; sie schützt vor Beschädigung/Verlust.

Exportkonformität und Dokumentation

- **Ausfuhrgenehmigung (falls erforderlich):** Kostenlos – 250 $, bitte prüfen, ob für beschränkte Waren (BIS, ITAR, EAR) eine Genehmigung erforderlich ist. Für viele Waren ist keine Genehmigung erforderlich.
- **Klassifizierung nach Anhang B:** Es handelt sich um Kostenlos und wird zur Übermittlung von Exportinformationen über AES (Automatisiertes Exportsystem) verwendet.
- **Ursprungszeugnis:** 25 bis 100 US-Dollar, kann vom Einfuhrland für Zollgebühren oder Vorteile aus Handelsabkommen verlangt werden und wird von der Handelskammer ausgestellt.
- **Handelsrechnung, Packliste, Frachtbrief:** Kostenlos - 200 $, Vorlagen verfügbar oder vom Spediteur erstellt.

Zahlungsmethoden

- **Vorauszahlung (Überweisung, PayPal, Stripe):** 2,9 % – 4,4 % pro Transaktion. Ideal für Existenzgründer und Kleinbestellungen zur Risikominimierung.
- **Akkreditive (LCs):** Bieten beiden Parteien ein hohes Maß an Sicherheit, sind jedoch mit Bankgebühren verbunden und können komplex sein. Eher geeignet für größere, etablierte Unternehmen.
- **Exportkreditversicherung:** Erwägen Sie eine solche Versicherung bei der Export-Import-Bank der USA (EXIM Bank), um sich gegen Zahlungsausfälle ausländischer Käufer abzusichern. Die EXIM Bank bietet auch Kreditgarantien an.

Geschätzte Mindestinvestition

Dies ist eine allgemeine Schätzung, da die Kosten je nach Bundesstaat und Produkt erheblich variieren können.

1. **Gewerbeanmeldung (GmbH):** 50 bis 500 US-Dollar jährlich (staatliche Anmeldegebühren)
2. **Arbeitgeberidentifikationsnummer (EIN):** 0 €
3. **Einfache Website/Online-Präsenz:** 50 bis 600 US-Dollar jährlich (Domain, Hosting, einfache Vorlage; mit kostenlosen Tools kann es günstiger sein)
4. **Anfängliche Produktbeschaffung/Muster:** Sehr variabel, kann aber bei 0 $ (Dropshipping /Broker) bis zu 500 - 3000+ $ für kleine Produktmengen reichen.
5. **Marketing (Erste Online-Anzeigen, Networking-Veranstaltungen):** 50 bis 600 US-Dollar pro Jahr (zunächst kostenlose staatliche Ressourcen und organische Social-Media-Aktivitäten nutzen).

6. **Erster Versand/Dokumentation (für die ersten paar kleinen Bestellungen, wird davon ausgegangen, dass der Käufer den Großteil der Frachtkosten übernimmt):** 200 bis 1500 US-Dollar (pro Sendung, abhängig von Volumen, Bestimmungsort und Transportart (Luft/See)).
7. **Betriebskapital/Notfallreserve:** 500 - 1000 USD

Geschätzte Mindestinvestition: 500 bis über 3000 US-Dollar für ein sehr schlankes Start-up mit geringem Lagerbestand. Dies setzt voraus, dass Sie von zu Hause aus arbeiten und kostenlose oder kostengünstige Online-Tools sowie staatliche Förderprogramme nutzen.

Wichtige US-Ressourcen für Exporteure:

- **US Commercial Service (Trade.gov):** Ihre zentrale Anlaufstelle für Marktforschung, Handelsveranstaltungen und direkte Unterstützung durch Handelsspezialisten.
- **Small Business Administration (sba.gov):** Bietet Beratung, Schulungen und Finanzprogramme (wie den STEP-Zuschuss und Exportfinanzierungsprogramme).
- **Export-Import Bank der USA (exim.gov) EXIM Bank:** Bietet US-Exporteuren Finanzierungen und Kreditversicherungen.
- **US Customs and Border Protection (cbp.gov):** Informationen zu Import-/Exportbestimmungen und Zöllen.

Exportkredite der US-Regierung für Unternehmen

Die US-Regierung bietet verschiedene Exportkreditprogramme und Unterstützung für Unternehmen an, vorwiegend über die Small Business Administration (SBA), die Export-Import-Bank der Vereinigten Staaten (EXIM-Bank) und den Foreign Agricultural Service (FAS). Diese Programme sollen das finanzielle Risiko reduzieren und Exporteuren Betriebskapital bereitstellen. Hier ein Überblick über die wichtigsten Optionen:

SBA-Exportkreditprogramme

Informieren Sie sich über die Finanzierungsprogramme der SBA, um Ihr Exportprogramm aufzubauen und Ihre Exportproduktionsanlagen zu modernisieren. Es gibt auch Programme, die es Ihnen ermöglichen, Anlagen und Ausrüstungen in den USA zu erwerben, zu bauen, zu renovieren, zu modernisieren, zu verbessern oder zu erweitern, um dort Waren oder Dienstleistungen für den internationalen Handel herzustellen.

- **Export Express Programm:** Dieses Programm unterstützt kleine Unternehmen mit Exportpotenzial mit Finanzmitteln zur Deckung der anfänglichen Kosten für den Markteintritt. Es bietet bis zu 500.000 US-Dollar Exportförderung für den Kauf oder die Produktion von Waren oder die Erbringung von Dienstleistungen für den Export. Die Darlehensmittel können für die meisten Geschäftszwecke verwendet werden, darunter Expansion, Ausrüstungskäufe,

Betriebskapital, Lagerbestände oder Immobilienerwerb.

- **Internationales Handelskreditprogramm: Dieses Programm** bietet US-Unternehmen, die sich auf den internationalen Handel vorbereiten oder bereits im internationalen Handel tätig sind oder durch Importkonkurrenz beeinträchtigt werden, Finanzierungen von bis zu 5 Millionen US-Dollar zur Modernisierung ihrer Ausrüstung und Anlagen. Obwohl dieses Kreditprogramm auch zur Refinanzierung bestehender Schulden mit ungünstigen Konditionen genutzt werden kann, ist es nicht für den Kauf eines Unternehmens geeignet.
- **Exportbetriebskapitalprogramm:** Bietet US-amerikanischen kleinen Exportunternehmen kurzfristige, transaktionsbezogene Betriebsmittelkredite von bis zu 5 Millionen US-Dollar. Die Finanzierung kann unter anderem für folgende Zwecke verwendet werden: Vorfinanzierung von Arbeitskräften und Materialkosten vor dem Export sowie Nachfinanzierung der aus transaktionsbezogenen Auslandsumsätzen generierten Forderungen.
- **7(a) Export Working Capital Program:** Das 7(a) WCP der SBA ist ein Pilotprogramm, das überwachte Kreditlinien im Rahmen des 7(a)-Kreditprogramms anbietet. Das 7(a) WCP kann verschiedene Finanzierungsbedürfnisse wachsender kleiner

Unternehmen decken und vereint die besten Merkmale der bestehenden permanenten 7(a)-Kreditlinien. Es bietet SBA-7(a)-garantierte Kreditlinien bis zu 5 Millionen US-Dollar.

Jüngste Änderungen der SBA-Kreditrichtlinien

Die SBA hat eine neue Version der Standardarbeitsanweisungen für die Kreditvergabe (SOP 50 10 8) veröffentlicht, die verschiedene Kreditprogramme, darunter auch Exportkredite, betrifft. Zu den wichtigsten Änderungen gehören:

Eigentumsvoraussetzungen: SBA-Kredite werden ausschließlich an Kleinunternehmen vergeben, deren direkte und indirekte Eigentümer, Kreditbürgen und Schlüsselmitarbeiter (z. B. Führungskräfte) zu 100 % US-Bürger, US-Staatsangehörige oder rechtmäßige ständige Einwohner (LPRs) sind. Dies stellt eine Änderung der bisherigen, langjährigen Praxis dar, die die Förderung von Unternehmen ermöglichte, die zu mindestens 51 % im Besitz von US-Bürgern, US-Staatsangehörigen oder LPRs waren.

Keine Anrechnung anderweitig: Die neue Standardarbeitsanweisung verschärft auch die Anforderung, dass keine Anrechnung anderweitig erfolgen darf.

Begrenzte persönliche Ressourcen: Die neue Standardarbeitsanweisung führt eine Prüfung der begrenzten persönlichen Ressourcen wieder ein – Kreditgeber müssen prüfen, ob ein Eigentümer über liquide Mittel verfügt, die als Ersatz für das Darlehen dienen können, nachdem Ersparnisse für den Ruhestand, das Studium und zukünftige medizinische Bedürfnisse berücksichtigt wurden.

Sicherheiten: Die neue Standardarbeitsanweisung sieht für fast alle Kredite die Hinterlegung von Sicherheiten vor – die Schwelle für die Hinterlegung von Sicherheiten wird bei 50.000 US-Dollar (vorher 500.000 US-Dollar) liegen.

Eigenkapitaleinlage: Kreditnehmer sind verpflichtet, bei Unternehmensgründungen und Eigentümerwechseln eine Eigenkapitaleinlage in Höhe von 10 % der Projektkosten beizusteuern.

Geschäftliche Kreditwürdigkeit: Die Mindestkreditwürdigkeit für Unternehmen steigt von 155 auf 165.

EXIM Bank der USA

Für viele US-Exporteure kann ein Mangel an Finanzierungsmöglichkeiten das globale Wachstum hemmen. Die EXIM-Bank bietet verschiedene Unterstützungsformen an, die hier Abhilfe schaffen können:

- **Betriebsmittelkreditgarantie:** Sofern Ihr Unternehmen mindestens ein Jahr alt ist, Waren mit mindestens 50 % US-amerikanischem Wertschöpfungsanteil anbietet, die in den USA hergestellt und von dort exportiert werden, kann EXIM in Zusammenarbeit mit Ihrem privaten Kreditgeber die Finanzierung internationaler Verkäufe sichern. EXIM übernimmt eine Garantie für Kapital und Zinsen in Höhe von 90 % der exportbezogenen Forderungen und 75 % des exportbezogenen

Lagerbestands. Der Kreditgeber erhält von EXIM eine Kreditgarantie, die die Rückzahlung eines bestimmten Prozentsatzes des Kredits garantiert, falls der Kreditnehmer (d. h. der US-Exporteur) zahlungsunfähig wird. Sie können den Kredit Ihrer Bank nutzen, um Arbeitskräfte, Material und andere für die Abwicklung Ihrer Verkäufe benötigte Produktionsmittel zu bezahlen. EXIM ersetzt nicht Ihre Hausbank; sie sichert lediglich deren Kredit ab und erhöht so Ihre Kreditwürdigkeit.

- **Exportkreditversicherung:** Eine Versicherung für Ihre Auslandsforderungen schützt Sie vor dem Risiko von Zahlungsausfällen Ihrer Käufer. Wenn die Export-Import-Bank (EXIM) Ihre Auslandsforderungen absichert, sind private Kreditgeber oft bereit, Kredite gegen Vermögenswerte zu vergeben, die sonst nicht als Kreditbasis gelten. Das Ergebnis für Ihr Unternehmen: gleiche Sicherheiten, eine größere Kreditbasis und ein verbesserter Cashflow.
- **Direktkredite/Käuferfinanzierung:** Die Direktkredite der EXIM unterstützen US-Unternehmen bei der Sicherung wettbewerbsfähiger Finanzierungen für ihre internationalen Käufer. Die EXIM bietet kreditwürdigen internationalen Käufern im privaten und öffentlichen Sektor Festzinsfinanzierungen mit Laufzeiten von bis zu 15 Jahren (bei Projekten im Bereich erneuerbare Energien

bis zu 22 Jahren) und finanziert lokale Kosten von bis zu 50 Prozent. Mit den Direktkrediten der EXIM erhalten internationale Käufer Zugang zu wettbewerbsfähigen Finanzierungen, die ihnen zuvor möglicherweise nicht zur Verfügung standen.

EXIM-Direktkredite an internationale Käufer dienen in der Regel der Finanzierung des Kaufs von US-amerikanischen Investitionsgütern und Dienstleistungen. Vor der Genehmigung bestimmter Transaktionen prüft EXIM die wirtschaftlichen Auswirkungen (siehe Richtlinien zu wirtschaftlichen Auswirkungen) und die Umweltauswirkungen (siehe Umweltrichtlinien).

Hier besteht Deckung für mittel- und langfristige Transaktionen. Die gesamte EXIM-Unterstützung beträgt weniger als 85 Prozent des Wertes aller förderfähigen Waren und Dienstleistungen im US-Liefervertrag bzw. 100 Prozent des US-Anteils an allen förderfähigen Waren und Dienstleistungen im US-Liefervertrag.

Exportförderung des US-Landwirtschaftsministeriums (USDA)

Das US-Landwirtschaftsministerium (USDA) bietet vor allem über seinen FAS eine Vielzahl von Dienstleistungen und Programmen an, die US-amerikanischen Agrarexporteuren zum Erfolg auf dem Weltmarkt verhelfen.

- **Marktzugangsprogramm (MAP):** Im Rahmen des MAP arbeitet FAS mit US-amerikanischen

Agrarhandelsverbänden, Genossenschaften, regionalen Handelsgruppen der Bundesstaaten und kleinen Unternehmen zusammen, um die Kosten für Auslandsmarketing- und Werbeaktivitäten zu teilen, die dazu beitragen, kommerzielle Exportmärkte für US-amerikanische Agrarprodukte und -rohstoffe aufzubauen.

MAP erreicht nahezu jeden Winkel der Erde und trägt zum Aufbau von Märkten für eine breite Palette amerikanischer Agrar- und Lebensmittelprodukte bei. FAS bietet berechtigten US-Organisationen finanzielle Unterstützung für Aktivitäten wie Verbraucherwerbung, Öffentlichkeitsarbeit, Verkaufsförderungsmaßnahmen, Teilnahme an Messen und Ausstellungen, Marktforschung und technische Beratung.

- **Exportkreditgarantieprogramm (GSM-102):** Das GSM-102-Programm bietet Kreditgarantien zur Förderung der Finanzierung von Exporten US-amerikanischer Agrarprodukte. Durch die Reduzierung des finanziellen Risikos für Kreditgeber fördern Kreditgarantien Exporte in Länder – hauptsächlich Entwicklungsländer –, die über ausreichende Finanzkraft verfügen, um die erforderlichen Devisen für planmäßige Zahlungen bereitzustellen.

  Das Programm steht Exporteuren folgender Waren zur Verfügung:

- Hochwertige, verbraucherorientierte, verarbeitete Produkte wie Tiefkühlkost, Frischwaren, Fleisch, Würzmittel, Wein und Bier;
- Zwischenprodukte wie Häute, Mehl und Papierprodukte; und
- Schüttgüter wie Getreide, Ölsaaten und Reis.

Zahlungsmethoden

Um im heutigen globalen Markt erfolgreich zu sein und sich gegen ausländische Wettbewerber durchzusetzen, müssen Exporteure ihren Kunden attraktive Verkaufsbedingungen mit passenden Zahlungsmethoden bieten. Da die vollständige und pünktliche Bezahlung das oberste Ziel jedes Exportgeschäfts ist, muss die geeignete Zahlungsmethode sorgfältig ausgewählt werden, um das Zahlungsrisiko zu minimieren und gleichzeitig die Bedürfnisse des Käufers zu erfüllen.

Wichtigste Punkte

- Der internationale Handel birgt ein breites Spektrum an Risiken, die zu Unsicherheiten hinsichtlich des Zahlungszeitpunkts zwischen Exporteur (Verkäufer) und Importeur (ausländischer Käufer) führen.
- Für Exporteure ist jeder Verkauf ein Geschenk, bis die Zahlung eingegangen ist.
- Daher möchten Exporteure die Zahlung so schnell wie möglich erhalten, vorzugsweise sobald eine Bestellung aufgegeben wird oder bevor die Ware an den Importeur versandt wird.

- Für Importeure ist jede Zahlung eine Spende, bis die Ware eingegangen ist.
- Daher möchten Importeure die Ware so schnell wie möglich erhalten, die Zahlung aber so lange wie möglich hinauszögern, vorzugsweise bis die Ware weiterverkauft wurde, um genügend Einnahmen zu generieren, um den Exporteur zu bezahlen.

Es gibt fünf primäre Zahlungsmethoden für internationale Transaktionen:

1. Bargeld im Voraus

Mit Vorauszahlung kann ein Exporteur das Kreditrisiko vermeiden, da die Zahlung vor dem Eigentumsübergang der Ware eingeht. Im internationalen Handel sind Überweisungen und Kreditkarten die gängigsten Vorauszahlungsoptionen. Dank des Internets bieten sich Treuhanddienste für kleinere Exporttransaktionen zunehmend als weitere Möglichkeit der Vorauszahlung an. Für den Käufer ist die Vorauszahlung jedoch die unattraktivste Option, da sie zu einem ungünstigen Cashflow führt. Ausländische Käufer befürchten zudem, dass die Ware bei Vorauszahlung nicht versendet wird. Daher laufen Exporteure, die ausschließlich auf dieser Zahlungsmethode bestehen, Gefahr, gegenüber Wettbewerbern mit attraktiveren Zahlungsbedingungen ins Hintertreffen zu geraten.

2. Akkreditive

Akkreditive (Letters of Credit, LCs) zählen zu den sichersten Instrumenten im internationalen Handel. Ein LC ist eine Zahlungsverpflichtung einer Bank im Namen des Käufers gegenüber dem Exporteur, sofern die im LC festgelegten Bedingungen erfüllt sind und alle erforderlichen Dokumente vorgelegt werden. Der Käufer richtet ein Kreditlimit ein und bezahlt seine Bank für diese Dienstleistung. Ein LC ist besonders dann sinnvoll, wenn verlässliche Kreditinformationen über einen ausländischen Käufer schwer zu beschaffen sind, der Exporteur aber von der Bonität der ausländischen Bank des Käufers überzeugt ist. Ein LC bietet dem Käufer zudem Schutz, da die Zahlungsverpflichtung erst mit dem Versand der Ware gemäß Vereinbarung entsteht.

3. Dokumentensammlungen

Ein Dokumenteninkasso (D/C) ist eine Transaktion, bei der der Exporteur die Einziehung der Zahlung für einen Verkauf seiner Bank (überweisende Bank) anvertraut. Diese sendet die vom Käufer benötigten Dokumente an die Bank des Importeurs (einziehende Bank) mit der Anweisung, die Dokumente zur Zahlung an den Käufer freizugeben. Die Gelder werden vom Importeur über die beteiligten Banken an den Exporteur überwiesen, im Gegenzug erhält der Exporteur diese Dokumente. Bei Dokumenteninkasso wird ein Wechsel verwendet, der den Importeur zur Zahlung des Nennwerts entweder bei Sicht (Dokument gegen Zahlung) oder zu einem festgelegten Datum (Dokument gegen Akzeptanz) verpflichtet. Das Inkassoschreiben enthält Anweisungen, welche Dokumente für den Eigentumsübergang an den Waren erforderlich sind. Obwohl Banken als Vermittler für ihre Kunden fungieren, bieten Dokumenteninkasso keine Überprüfung und nur begrenzte Möglichkeiten zur

Geltendmachung von Ansprüchen im Falle der Nichtzahlung. Dokumenteninkasso ist in der Regel günstiger als Akkreditive.

4. Konto eröffnen

Bei einem offenen Zahlungsziel werden die Waren vor Fälligkeit der Zahlung versandt und geliefert, die im internationalen Handel üblicherweise 30, 60 oder 90 Tage beträgt. Dies ist für Importeure hinsichtlich Liquidität und Kosten eine der vorteilhaftesten Optionen, birgt aber gleichzeitig ein hohes Risiko für Exporteure. Aufgrund des starken Wettbewerbs auf den Exportmärkten drängen ausländische Käufer Exporteure häufig auf offene Zahlungsziele, da die Gewährung von Krediten durch den Verkäufer im Ausland üblicher ist. Exporteure, die zögern, Kredite zu gewähren, riskieren daher, Aufträge an ihre Konkurrenten zu verlieren. Durch den Einsatz geeigneter Handelsfinanzierungstechniken, die später in diesem Leitfaden erläutert werden, können Exporteure wettbewerbsfähige offene Zahlungsziele anbieten und gleichzeitig das Ausfallrisiko deutlich reduzieren. Bei der Gewährung offener Zahlungsziele kann der Exporteur durch eine Exportkreditversicherung zusätzlichen Schutz erlangen.

5. Sendung

Im internationalen Handel ist die Konsignationsware eine Variante des offenen Kontos, bei der die Zahlung an den Exporteur erst erfolgt, nachdem die Ware vom ausländischen Händler an den Endkunden verkauft wurde. Eine internationale Konsignationstransaktion basiert auf einer vertraglichen Vereinbarung, in der der ausländische Händler die Ware für den Exporteur entgegennimmt, verwaltet und verkauft . Der Exporteur behält das Eigentum an der Ware bis zum Verkauf. Der Export auf Konsignationsbasis ist mit hohen Risiken verbunden, da dem Exporteur keine Zahlung garantiert wird und sich seine Ware im Ausland in den Händen eines unabhängigen Händlers oder Agenten befindet. Konsignationsware kann Exporteuren jedoch helfen, durch bessere Verfügbarkeit und schnellere Lieferung wettbewerbsfähiger zu werden. Der Verkauf auf Konsignationsbasis kann Exporteuren außerdem helfen, die direkten Kosten für Lagerung und Bestandsverwaltung zu reduzieren. Der Schlüssel zum Erfolg beim Export auf Konsignationsbasis liegt in der Partnerschaft mit einem seriösen und vertrauenswürdigen ausländischen Händler oder einem Logistikdienstleister. Es sollte eine angemessene Versicherung abgeschlossen werden, die die Konsignationsware während des Transports oder im Besitz eines ausländischen Händlers abdeckt und das Risiko eines Zahlungsausfalls minimiert.

Umgang mit Währungsrisiken

Wie kann ich Zahlungen in Fremdwährung für Exporte akzeptieren?

Das Währungsrisiko wird von kleinen und mittleren Unternehmen (KMU), die in globale Märkte eintreten, dort wachsen und erfolgreich sein wollen, oft unterschätzt. Obwohl die meisten US-amerikanischen KMU-Exporteure bevorzugt in US-Dollar handeln, fordern kreditwürdige ausländische

Käufer heutzutage zunehmend Zahlungen in ihrer Landeswährung. Für einen US-amerikanischen Exporteur, der in Fremdwährung handelt, besteht das Währungsrisiko in den potenziellen finanziellen Verlusten durch die Abwertung der Fremdwährung gegenüber dem US-Dollar zum Fälligkeitstermin der Zahlung. Dieses Risiko lässt sich selbstverständlich vermeiden, indem man ausschließlich in US-Dollar handelt.

Ein solches Vorgehen kann jedoch dazu führen, dass Exportchancen an Wettbewerber verloren gehen, die hinsichtlich der Zahlungswährung ihrer ausländischen Käufer flexibler sind. Auch die ausschließliche Abwicklung von Geschäften in US-Dollar könnte zu Zahlungsausfällen führen, wenn ausländische Käufer aufgrund einer Abwertung ihrer Landeswährung feststellen, dass ihre in US-Dollar denominierten Verpflichtungen sich erhöhen.

Zwar lässt sich das Ausfallrisiko durch eine Exportkreditversicherung mindern, doch ist dieser „Was-wäre-wenn“-Schutz wertlos, wenn Exportchancen aufgrund einer „Zahlung ausschließlich in US-Dollar“-Politik verloren gehen. Um auf den globalen Märkten wettbewerbsfähig zu bleiben, sollten US-Exporteure flexibel sein und Zahlungen in Fremdwährung akzeptieren, gleichzeitig aber auch Möglichkeiten zur proaktiven Steuerung des Währungsrisikos prüfen.

Merkmale von Exportumsätzen in Fremdwährung

Anwendbarkeit	Empfohlen für den Einsatz (a) in wettbewerbsintensiven globalen Märkten und (b) wenn ausländische Käufer auf die Zahlung in ihrer Landeswährung bestehen.
Risiko	Exporteure sind dem Risiko von Währungsverlusten ausgesetzt, wenn keine Devisenrisikomanagementtechniken angewendet werden.
Vorteile	Wettbewerbsfähige Zahlungsbedingungen für mehr Umsatz. Reduziertes Ausfallrisiko durch Währungsabwertung.
Nachteile	Kosten und Aufwand für das Management von Währungsrisiken. Kein potenzieller Gewinn aus günstigen Währungskursbewegungen, außer bei Verwendung von Währungsoptionsabsicherungen.

Wichtigste Punkte

- Die meisten ausländischen Käufer bevorzugen die Zahlung in ihrer Landeswährung, um Währungsrisiken zu vermeiden.
- Exporteure, die sich für den Handel in Fremdwährungen entscheiden, könnten ihre Wettbewerbsfähigkeit steigern und mehr Umsätze erzielen.

- Die Volatilität des Devisenmarktes stellt ein Risiko für Exporteure dar, da ungünstige Wechselkursentwicklungen zu erheblichen finanziellen Verlusten aus ansonsten profitablen Exportumsätzen führen können.
- Wenn Exporterlöse in Fremdwährung abgewickelt werden, können Exporteure das Währungsrisiko minimieren, indem sie eine oder mehrere der Währungsrisikomanagementtechniken anwenden.
- Das Hauptziel des Devisenrisikomanagements ist nicht die Gewinnerzielung, sondern die Minimierung potenzieller finanzieller Verluste aufgrund unvorhersehbarer und ungünstiger Devisenkursentwicklungen.

Techniken zum Devisenrisikomanagement

Für die Reduzierung des kurzfristigen Währungsrisikos stehen verschiedene Techniken zur Verfügung, die sich für exporteinsteigernde KMU oder Exporteure eignen, die Zahlungen in Fremdwährung akzeptieren möchten. Die nachfolgend beschriebenen Deviseninstrumente sind in allen wichtigen Währungen verfügbar und werden von zahlreichen Geschäftsbanken und Devisendienstleistern angeboten. Allerdings können einige dieser Techniken für bestimmte exportierende KMU unpraktisch oder zu kostspielig sein.

Bargeldvorschuss in Fremdwährung

Eine Möglichkeit für Exporteure, Währungsrisiken zu vermeiden, besteht darin, Vorauszahlungen für in Fremdwährung abgewickelte Verkäufe zu verlangen. Die

Exporteure können dann anhand des aktuellen Wechselkurses, also des aktuellen Wechselkurses der beiden Währungen, sofort den erwarteten Nettoerlös in ihrer Heimatwährung berechnen.

- **Natürliche Hecken**

Eine Möglichkeit zur Minimierung des Währungsrisikos besteht darin, natürliche Absicherungen zu finden, d. h. Deviseneinnahmen mit Devisenausgaben abzugleichen. Beispielsweise kann ein amerikanischer Exporteur, der von einem mexikanischen Käufer Zahlungen in Pesos erhält, diese Pesos auch für andere Zwecke verwenden, etwa zur Zahlung von Agentenprovisionen oder zur Bezahlung von Lieferungen an einen anderen mexikanischen Handelspartner.

Sind die Einnahmen und Ausgaben in Pesos wertmäßig vergleichbar, wird das Währungsrisiko minimiert, da der Exporteur Pesos nur selten in US-Dollar umtauschen muss. Das Risiko verringert sich weiter, wenn diese Transaktionen in Pesos regelmäßig durchgeführt werden.

- **FX-Forward-Hedge**

Die gängigste Methode zur Absicherung von Währungsrisiken ist der Einsatz eines Terminkontrakts. Dieser ermöglicht es dem Exporteur, einen festgelegten Betrag in Fremdwährung zu einem vorab festgelegten Wechselkurs zu einem vorher bestimmten Zeitpunkt in der Zukunft zu verkaufen. Die Lieferzeit kann zwischen drei Tagen und einem Jahr liegen. Beispielsweise vereinbart ein US-amerikanischer Exporteur mit einem deutschen Unternehmen, die Zahlung für Waren im

Wert von 1 Million Euro innerhalb von 60 Tagen in Euro zu akzeptieren.

Aus Furcht vor einer Euro-Abwertung in den nächsten 60 Tagen schließt der US-Exporteur heute einen Terminkontrakt zum Wechselkurs von 1 Euro zu 1,25 US-Dollar ab. Dieser Terminkontrakt hilft dem US-Exporteur, sein Währungsrisiko zu minimieren, indem er die Umwandlung von 1 Million Euro in 1,25 Millionen US-Dollar sicherstellt, unabhängig von der Entwicklung des Dollar-Euro-Wechselkurses in 60 Tagen.

Zahlt der deutsche Käufer jedoch nicht fristgerecht, bleibt der US-Exporteur dennoch zur Lieferung von 1 Million Euro innerhalb von 60 Tagen verpflichtet. Daher wird Exporteuren bei der Absicherung von Währungsrisiken mittels Terminkontrakten empfohlen, die Liefertermine konservativ zu wählen oder einen „Fenster-Terminkontrakt" abzuschließen, der die Lieferung zwischen zwei Terminen anstelle eines festen Abrechnungstermins ermöglicht.

Wenn die Fremdwährung früher eingeht, kann der Exporteur sie bis zum Liefertermin behalten oder den alten Devisenkontrakt kostengünstig gegen einen mit neuem Liefertermin tauschen. Gebühren und Entgelte für Terminkontrakte sind sehr gering, da der Devisenhändler durch den Kauf zu einem bestimmten Preis und den Verkauf zu einem höheren Preis eine Gewinnspanne erzielt.

- **FX-Optionsabsicherung**

Bei größeren, in Fremdwährung abgewickelten Transaktionen und/oder längeren Zeiträumen zwischen Angebotserstellung und -annahme kann sich der Einsatz einer Devisenoption lohnen. Für einen Exporteur ist die Absicherung von Währungsrisiken mittels Devisenoptionen vergleichbar mit dem Abschluss einer Versicherung gegen Währungsabwertung.

Bei einer Devisenoption erwirbt der Exporteur das Recht, aber nicht die Pflicht, die Fremdwährung am oder vor dem Ablaufdatum der Option zu einem festgelegten Kurs in die Heimatwährung umzutauschen.

Im Gegensatz zu einem Terminkontrakt muss der Exporteur, der eine Devisenoption erwirbt, eine Prämie zahlen, ähnlich einer Versicherungsprämie. Sinkt der Wert der Fremdwährung, ist der Exporteur vor Verlusten geschützt.

Steigt hingegen der Wert der Fremdwährung, kann der Exporteur einfach vom Optionsvertrag zurücktreten und die Fremdwährung am Kassamarkt zu einem günstigeren Kurs verkaufen. Devisenoptionen bieten zwar Flexibilität, sind aber teurer als Devisentermingeschäfte.

Fallstudien

Ein Student, der mit dem Exportieren in Teilzeit begann

Hier ist eine hypothetische Fallstudie, die veranschaulicht, wie ein Student in den USA mit dem Exportieren in Teilzeit beginnen und dabei verfügbare Ressourcen nutzen könnte.

Name: Jessica Miller

Alter: 23

Universität: University of California, Berkeley

Hauptfach: Umweltwissenschaften mit Nebenfach: Wirtschaftswissenschaften

Ort: San Francisco, Kalifornien

Anfangskapital: 2000 US-Dollar

Ziel: Aufbau einer umweltbewussten, exportorientierten Hautpflegemarke, die sich an Nischenkäufer im Ausland richtet.

Geschäftsart: Nebenjob in Teilzeit während des Studiums

Schritt 1: Marktforschung – Identifizierung einer globalen Chance

Jessica bemerkte die wachsende internationale Nachfrage nach sauberen, ungiftigen Hautpflegeprodukten, insbesondere in folgenden Bereichen:

- Südostasien (Singapur, Thailand)
- Naher Osten (VAE, Saudi-Arabien)
- Europa (Frankreich, Deutschland, Vereinigtes Königreich)

Sie benutzte:

- Google Trends zur Keyword-Nachfrage (z. B. „Bio-Gesichtsöl", „Parabenfreie Feuchtigkeitscreme")
- Amazon Global untersucht Produktkategorien
- Facebook-Gruppen und Reddit- Threads zum Thema Hautpflege

Sie entdeckte eine Marktlücke: Bio-Gesichtsöl und vegane Lippenbalsame aus Zutaten aus den USA.

Schritt 2: Produktentwicklung und Beschaffung

Jessica arbeitete mit einem lokalen Naturkosmetiklabor in Kalifornien zusammen, das Lohnfertigung anbot:

- Zwei ausgewählte Starterprodukte:
    - ➔ Gesichtsöl mit Hagebutte und Jojoba
    - ➔ Veganer Lippenbalsam mit Sheabutter
- Gewünschte Kleinserienfertigung (je 100 Stück)
- Kosten: ca. 7 $/Einheit für Öl, 4 $/Einheit für Balsam

Sie stellte sicher, dass die Produkte folgende Eigenschaften aufwiesen:

- USDA-Bio-zertifizierte Zutaten
- Keine Tierversuche
- Beschwerde bezüglich der grundlegenden FDA-Etikettierung von Kosmetika

Schritt 3: Unternehmensgründung

- Unternehmensstruktur: Einzelunternehmen unter dem Namen „Pure Glow Naturals"
- EIN: Online über das IRS beantragt.

- Keine Ausfuhrgenehmigung erforderlich (unter Anhang B für Kosmetika eingestuft, ECCN nicht kontrolliert)
- Registriert beim freiwilligen Kosmetikregistrierungsprogramm (VCRP) der FDA

Schritt 4: Online-Präsenz und Markenbildung

- Ich habe einen einfachen Shopify-Shop mit internationaler Kasse erstellt.
- Eine Markenidentität geschaffen: klar, minimalistisch, umweltfreundlich
- Fokus auf Transparenz: vollständige Zutatenliste, Herkunftsgeschichte
- Vorher-/Nachher-Fotos und Erfahrungsberichte von Freunden hochgeladen.

Schritt 5: Marketing und Suche nach internationalen Käufern

Jessica nutzte eine Mischung aus Online- und persönlichen Taktiken:

- Ich bin internationalen Hautpflege-Communities auf Instagram und TikTok beigetreten.
- Sie arbeitete mit Mikro-Influencern auf der ganzen Welt zusammen.
- Angebote auf Etsy und eBay mit internationalem Versand
- Ich habe umweltfreundliche Boutiquen in Deutschland und Südkorea per E-Mail kontaktiert.

Schritt 6: Versand und Auftragsabwicklung

Sie übernahm das Verpacken der Bestellungen selbst und verwendete dabei umweltfreundliche Verpackungsmaterialien.

Versandart:

- USPS First Class Package International (für kleine Pakete unter 4 Pfund)
- Ich habe Ship Station benutzt, um Preise zu vergleichen und Etiketten auszudrucken.

Versandkosten:

- Pro Bestellung ca. 16–20 $ nach Europa/Asien
- Im Einzelhandelspreis enthalten oder an der Kasse hinzugefügt.

Erster Exportverkauf

Nach vier Wochen erhielt sie ihre erste Bestellung von einem Kunden aus Singapur:

- 1 Gesichtsöl (28 $) + 1 Lippenbalsam (12 $)
- Versandkosten: ca. 18 $
- Gesamterhalt: ~ 58 $
- Warenwert + Versandkosten: ca. 30 $
- Nettogewinn: ~ 28 $

Schritt 7: Allmähliches Wachstum

- Die Gewinne wurden reinvestiert, um das Angebot an Reisesets auszubauen.
- Zwei wiederkehrende Großhandelskunden in Dubai und Deutschland wurden gewonnen.
- Ich habe begonnen, mich über lokale Kleinunternehmenszentren um Zuschüsse für von Frauen geführte Unternehmen zu bewerben.

- Ich habe mich für die Webinare des US Commercial Service angemeldet, um mehr über Exportbestimmungen zu erfahren.

Ergebnis nach 6 Monaten

Metrischer

Wert

Bestellung/Monat	~25-30
Monatlicher Umsatz	ca. 1900–2300 US-Dollar
Nettogewinn (Teilzeit)	ca. 700 €/Monat
Exportziele	Vereinigte Arabische Emirate, Singapur, Deutschland, Japan, Frankreich, Kanada
Angebotene Produkte	5 (Gesichtsöl, Balsam, Reinigungsgel, Gesichtswasser, Maske)

Wichtigste Erkenntnisse

- Beginnen Sie mit einer kleinen Charge, um den Markt zu testen, bevor Sie die Produktion ausweiten.
- In den USA hergestellte Naturkosmetik genießt im Ausland hohes Ansehen, wenn sie authentisch vermarktet wird.
- Studentische Unternehmer können Campusressourcen, Online-Tools und Nischenmärkte nutzen.
- Die Verpackung sollte einfach sein, aber sowohl den US-amerikanischen als auch den ausländischen Richtlinien für die Kosmetikkennzeichnung entsprechen.

Die Herausforderung: Als Vollzeitstudentin stand sie vor folgenden zentralen Herausforderungen:

- Begrenztes Kapital: Sie konnte es sich nicht leisten, einen großen Warenbestand zu kaufen und zu lagern.
- Logistik und Zeit: Sie hatte keinerlei Erfahrung mit internationalem Versand, Zollabwicklung oder der eigenständigen Bearbeitung eines hohen Bestellaufkommens.
- Risiko des Zahlungsausfalls: Sie war besorgt darüber, Produkte international zu versenden, ohne dafür bezahlt zu werden.

Ein Berufstätiger, der nebenberuflich mit dem Export begann

Hier ist eine hypothetische Fallstudie über einen Berufstätigen in den USA, der ein Exportunternehmen gegründet hat. Dieses Szenario unterscheidet sich von der Erfahrung eines Studenten, da ein Berufstätiger über andere Ressourcen, Einschränkungen und Fachkenntnisse verfügt.

Name: Daniel Roberts

Alter: 36

Standort: Chicago, Illinois

Vollzeitstelle: Arbeit in einem Hotel

Exportgeschäft: Heimwerkerbedarf und Zubehör

Anfangskapital: 3500 $

Zeitaufwand: 8-10 Stunden/Woche

Exportmodell: Kleinserien-B2C- und ausgewählte B2B-Bestellungen über Online-Plattformen

Schritt 1: Identifizierung der Exportmöglichkeit

In den USA hergestellte Elektrowerkzeuge und Heimwerkerbedarf sind in China, Indien, Japan, Südkorea, Australien, Deutschland, Großbritannien, Brasilien und Mexiko sehr gefragt.

Daniel bemerkte:

- Hohe Nachfrage nach langlebigen, in den USA hergestellten Marken
- Mangelnder direkter Zugang für Kleinabnehmer in Entwicklungsländern
- Unerschlossene Marktnische für generalüberholte oder Restposten aus Liquidationsgeschäften

Er wählte erste Produkte aus:

- Schraubendrehersätze
- Akku-Bohrmaschinen (generalüberholt)
- Werkzeuggürtel und Zubehör

Schritt 2: Unternehmensgründung

- Struktur: Gründung einer LLC online („Eagle Trade Tools LLC")
- EIN: Registriert über die IRS-Website
- Bankgeschäfte: Ich habe ein Geschäftskonto bei einer örtlichen Bank eröffnet.
- Verkäuferkonto: Profile bei eBay, Amazon und Alibaba erstellt.
- Exportlizenzierung: Für die im Rahmen von EAR99 zugelassenen Tools nicht erforderlich (er hat dies anhand des BIS-Entscheidungsbaums überprüft).

Schritt 3: Produktbeschaffung

Er bezog seine Produkte von:

- Lokale Liquidationslager
- Home Depot/Lowes Räumungsverkauf
- Online-Auktionen (GovDeals , Liquidation.com)

Er versicherte:

- Die Produkte wurden getestet und funktionierten einwandfrei.
- Die Verpackung war für den Export geeignet.
- Die Produktbeschreibungen waren präzise und klar.

Schritt 4: Exportlogistik und Versand

- Ich habe UPS und USPS für kleine Pakete genutzt.
- Zusammenarbeit mit einem Spediteur für Sammeltransporte
- Er verwendete die HTS-Schedule-B-Codes zur Klassifizierung seiner Waren für den Zoll.
- Artikel gemäß internationalen Standards etikettiert und verpackt

Schritt 5: Internationale Käufer finden

Er konzentrierte sich auf:

- Facebook-Gruppen und Foren für lateinamerikanische Bauunternehmer
- WhatsApp-Broadcast-Listen für kleine Eisenwarenhändler
- Internationale eBay-Angebote mit aktiviertem globalem Versand
- Kaltakquise per E-Mail bei kleinen Werkzeugläden in Panama und der Dominikanischen Republik

Erster Exportverkauf

Innerhalb von 3 Wochen:

- Ich habe einen Satz generalüberholter Dewalt-Akkubohrmaschinen an einen Käufer in der Dominikanischen Republik verkauft.
- Verkaufspreis: ~ 180 $
- Versandkosten: ca. 48 $
- Nettogewinn: ca. 55 $ nach Abzug der Gebühren

Schritt 6: Ausweitung der Teilzeitbeschäftigung

In den nächsten 6 Monaten wird Daniel:

- Ich habe eine kleine Google-Website mit einem Katalog der verfügbaren Tools erstellt.
- Teilnahme an Webinaren der International Trade Administration (ITA)
- Registriert beim Illinois Small Business Development Center (SBDC)
- Ich habe eine freiberufliche virtuelle Assistentin engagiert, die Einträge und Nachrichten verwaltet.

Ergebnisse nach 6 Monaten

Metrisches	**Ergebnis**
Monatlicher Umsatz	ca. 3500–4200 US-Dollar
Durchschnittliche Gewinnspanne	25-30%
Exportziele	Panama, Jamaika, Nigeria, Kolumbien
Lagerbestandsgröße	~200 Artikelnummern
Wöchentlicher Zeitaufwand	ca. 10 Stunden (meist abends/am Wochenende)

Die Herausforderung:

- Zeitmangel: Da Daniel hauptberuflich tätig war, war seine Zeit ein großer Engpass. Er benötigte ein Geschäftsmodell, das seine Abende und Wochenenden nicht zu sehr in Anspruch nahm.
- Kapital und Risiko: Obwohl er über ein regelmäßiges Einkommen verfügte, war er nicht bereit, die Finanzen seiner Familie für ein neues Unternehmen zu riskieren. Er benötigte ein Start-up-Modell mit geringem Kapitalbedarf und niedrigem Risiko.
- Kundengewinnung: Er verfügte über kein formelles internationales Vertriebsnetzwerk außerhalb seiner Tätigkeit im Unternehmen.
- Compliance: Die von ihm gehandelten Spezialteile könnten komplexen Exportkontrollbestimmungen unterliegen.

Ein Arbeitssuchender, der die Arbeitslosigkeit in eine Chance verwandelte

Hier folgt eine hypothetische Fallstudie über einen Arbeitssuchenden, der seine Arbeitslosigkeit in eine Chance verwandelte, indem er mit begrenztem Kapital, ohne Vorkenntnisse im internationalen Handel und mit dem starken Wunsch nach einem Neuanfang ein Exportunternehmen von den USA aus gründete.

Name: Kevin Thompson

Alter: 29

Standort: Atlanta, Georgia
Hintergrund: Ehemaliger Einzelhandelsangestellter
Anfangskapital: 1000 US-Dollar (aus Ersparnissen und Arbeitslosengeld)
Motivation: Ich wollte mir mit US-Produkten eine unabhängige Einkommensquelle aufbauen.
Exportfokus: In Amerika hergestellte Gesundheits- und Wellnessprodukte für Endverbraucher
Verfügbare Zeit: Zunächst Vollzeit aufgrund von Arbeitsplatzverlust

Schritt 1: Mentalitätswandel – vom Arbeitssuchenden zum Exporteur

Nachdem Kevin monatelang erfolglos Bewerbungen geschrieben hatte, nahm er an einem kostenlosen Online-Webinar der US Small Business Administration (SBA) mit dem Titel „Wie man ein Exportunternehmen gründet" teil.

Dadurch lernte er Folgendes kennen:

- Globale Nachfrage nach US-Konsumgütern
- Staatliche Unterstützung für neue Exporteure
- Chancen auch mit geringem Kapital und ohne vorherige Handelserfahrung

Schritt 2: Produktauswahl – Klein anfangen, das verkaufen, woran er glaubte

Kevin wählte eine Nische, die er selbst nutzte und der er vertraute: natürliche, in den USA hergestellte Vitamine und Nahrungsergänzungsmittel.

Beispiele:

- Melatonin-Schlafmittel

- Omega-3-Kapseln
- Multivitaminpräparate für Männer/Frauen

Diese Produkte hatten:

- Hohe weltweite Nachfrage
- Kleine Größe – niedrige Versandkosten
- Einfache Online-Beschaffung bei Costco, Walmart und Großhandelsplattformen

Schritt 3: Unternehmensgründung

- Firmenname: Global Essentials Export
- Rechtsform: Eingetragen als Einzelunternehmen
- EIN: Online beim IRS erhältlich
- Bankwesen: Ein Geschäftskonto bei einer Kreditgenossenschaft eröffnet.
- Ausfuhrgenehmigung: Nicht erforderlich (er hat dies gemäß EAR für OTC-Nahrungsergänzungsmittel überprüft).
- Zollcode: Gefundener Schedule-B-Code unter HS 210690 (Nahrungsergänzungsmittel)

Schritt 4: Online-Verkauf – Einstiegsstrategie mit geringem Risiko

Er hat ein Verkäuferprofil erstellt auf:

- eBay mit aktiviertem globalen Versand
- Facebook Marketplace (Internationale Gruppen)
- WhatsApp-Gruppen, die von Käufern aus Westafrika und der Karibik genutzt werden
- Einen Shopify-Shop hinzugefügt

Er postete:

- Klare Fotos von in den USA hergestellten Nahrungsergänzungsmittelflaschen
- Kurzbeschreibungen mit Dosierung und Nutzen
- Vertrauensbildende Informationen wie „100 % US-Original", Ablaufdatum und Herkunftsort

Erster Exportauftrag

Kevin erhielt innerhalb von 2 Wochen seinen ersten internationalen Auftrag:

- 1 Flasche Vitamin D3 an einen Käufer in Trinidad und Tobago
- Kosten: 9 $
- Verkauft für: 22 $
- Versand: 6 $ (per USPS First-Class International)
- Nettogewinn: ca. 7 US-Dollar

Schritt 5: Stufenweise Skalierung

Durch Folgeaufträge reinvestierte Kevin seine Gewinne:

- Hinzugefügte Artikel wie Proteinriegel, Kapseln für die Gelenkgesundheit
- Partnerschaft mit einem in der Karibik ansässigen Minimarkt für kleinere Großbestellungen
- Ich habe PayPal und Wise für den Empfang internationaler Zahlungen genutzt.
- Ich habe gelernt, wie man Ship Station für ein effizientes Logistikmanagement nutzt.

Schritt 6: Unterstützung und Lernen

Er nutzte öffentliche Ressourcen:

- Kostenloses Mentoring-Programm der SBA (SCORE)
- Export-U Online-Schulung

- Newsletter von US Commercial Services für Marktaktualisierungen
- Ich bin Facebook-Gruppen für kleine Exporteure beigetreten und habe von den Ratschlägen anderer profitiert.

Nach 6 Monaten

Metrisches

Ergebnis

Monatlicher Umsatz	ca. 2500 €
Gewinnspanne	30-35%
Länder, in die exportiert wird	Jamaika, Nigeria, Bahamas, Vereinigte Arabische Emirate
Produktarten	~30 Artikelnummern
Geschäftszeiten	ca. 25 Std./Woche

Die Herausforderung:

- Begrenztes Kapital: Mit nur etwa 1000 Dollar Ersparnissen konnte er sich weder große Warenbestände noch Werbung oder eine aufwendige Website leisten.
- Mangelndes Fachwissen: Er besaß keinerlei Vorkenntnisse im internationalen Handel, Zollwesen oder Dokumentation.
- Vertrauen bei den Käufern: Ausländische Käufer waren skeptisch, von einem neuen, unbekannten Verkäufer zu kaufen.
- Versandkosten und Verzögerungen: Der internationale Versand war teuer und manchmal langsam.

Referenzen

https://www.trade.gov/why-export

https://exportpotential.intracen.org/en/products/tree-map?fromMarker=i&exporter=842&toMarker=w&market=w&whatMarker=k

https://beta.trade.gov/article?id=Preparing-your-Product-for-Export-Product-Adaption

https://www.trade.gov/conducting-market-research

https://www.trade.gov/selecting-international-markets

https://www.trade.gov/free-trade-agreement-overview

https://www.trade.gov/industry-classification-systems

https://beta.trade.gov/article?id=Trade-Missions

https://beta.trade.gov/article?id=US-Department-of-Commerce-Trade-Event-Programs

https://beta.trade.gov/article?id=Foreign-Agricultural-Service

https://beta.trade.gov/article?id=International-Company-Profiles

https://beta.trade.gov/article?id=International-Partner-Search

https://beta.trade.gov/article?id=Finding-Buyers-Program-Customized-Market-Research

https://business.thomasnet.com/about

https://www.foreign-trade.com/about.htm

https://www.wholesalecentral.com/aboutus.htm

https://www.trade.gov/

https://www.fas.usda.gov/about-fas

https://www.exportportal.com/about

https://globaltradehelpdesk.org/en/about/the-initiative

https://www.tradekey.com/about-us/

https://www.exporthub.com/ot/about-us

https://www.globalsources.com/corporate/en/about/

https://www.indiamart.com/

https://in.solutions.kompass.com/

https://www.sba.gov/business-guide/launch-your-business/choose-business-structure

https://www.sba.gov/business-guide/launch-your-business/choose-your-business-name

https://www.sba.gov/business-guide/launch-your-business/register-your-business

https://stripe.com/in/resources/more/how-to-file-for-an-ein-a-quick-guide-for-businesses#preparing-to-file-for-an-ein

https://deliberatedirections.com/how-to-register-your-business-with-the-irs-and-obtain-an-ein/

https://www.maersk.com/logistics-explained/customs-and-compliance/2023/09/27/us-import-export-license-what-it-is-and-how-to-get-it

https://envoy.com/workplace-compliance-security-safety/export-administration-regulations-compliance

https://www.shippingsolutions.com/blog/whats-the-difference-between-a-schedule-b-code-and-an-hs-number

https://www.census.gov/foreign-trade/schedules/b/index.html

https://beta.trade.gov/article?id=Determine-your-HS-or-Schedule-B-number

https://www.cbp.gov/trade/aes/introduction

https://www.census.gov/foreign-trade/aes/ace-aesdirect.html

https://www.trade.gov/filing-your-export-shipments-through-automated-export-system-aes

https://www.census.gov/foreign-trade/aes/aesdirect/register_access_aesdirect.pdf

https://www.trade.gov/common-export-documents

https://www.trade.gov/filing-your-export-shipments-through-automated-export-system-aes

https://grow.exim.gov/blog/shippers-letter-of-instruction-0

https://grow.exim.gov/blog/incoterms2020

https://legacy.export.gov/article?id=Incoterms-Overview

https://www.trade.gov/customs-brokers-and-freight-forwarders

https://legacy.export.gov/article?id=Packing

https://legacy.export.gov/article?id=Labeling

https://legacy.export.gov/article?id=Branding-Labeling-and-Packaging

https://www.privacyshield.gov/ps/article?id=Cargo-Insurance

https://www.trade.gov/business-development-financing

https://www.trade.gov/export-working-capital

https://www.sba.gov/partners/lenders/7a-loan-program/7a-working-capital-pilot-program

https://www.congress.gov/crs-product/IN12549#:~:text=Die%20SBA%20veröffentlichte%20eine%20neue,gültig%20am%20Juni%201%2C%202025
https://www.exim.gov/solutions/get-financing
https://www.exim.gov/solutions/direct-loan
https://www.fas.usda.gov/programs/market-access-program-map
https://www.trade.gov/methods-payment
https://www.trade.gov/report/trade-finance-guide

9 789334 459647